Morreu
e não sabia

Morreu e não sabia

Copyright by © Petit Editora e Distribuidora Ltda., 2015

3-10-23-100-10.100

Coordenação editorial: **Ronaldo A. Sperdutti**
Tradução: **Olga Cafalcchio**
Capa, projeto gráfico e editoração: **Ricardo Brito | Estúdio Design do Livro**
Imagem da capa: **Fotolia**
Preparação: **Isabel Ferrazoli**
Revisão: **Augusto Nascimento**
Impressão: **Renovagraf**

**Ficha catalográfica elaborada por
Lucilene Bernardes Longo – CRB-8/2082**

Fernández, José Manuel.
  Morreu e não sabia : a história de um jovem desencarnado / José
Manuel Fernández ; tradução Olga Cafalcchio. – São Paulo : Petit, 2015.
  224 p.

  ISBN 978-85-7253-292-1

  1. Espiritismo   2. Romance espírita   I. Cafalcchio, Olga
II. Título   III. A história de um jovem desencarnado.

CDD: 133.93

Direitos autorais reservados.
É proibida a reprodução total ou parcial, de qualquer forma
ou por qualquer meio, salvo com autorização da Editora.
(Lei nº 9.610, de 19 de fevereiro de 1998)
Traduções somente com autorização por escrito da Editora.

Prezado(a) leitor(a),

Caso encontre neste livro alguma parte que acredita que vai interessar ou mesmo
ajudar outras pessoas e decida distribuí-la por meio da internet ou outro meio,
nunca deixe de mencionar a fonte, pois assim estará preservando os direitos do
autor e, consequentemente, contribuindo para uma ótima divulgação do livro.

José Manuel Fernández

Morreu e não sabia

A história de um jovem desencarnado

Tradução
OLGA CAFALCCHIO

Av. Porto Ferreira, 1031 - Parque Iracema
CEP 15809-020 - Catanduva-SP
17 3531.4444 - 17 99777.7413

www.petit.com.br | petit@petit.com.br
www.boanova.net | boanova@boanova.net

Para Isy,
com todo o meu afeto.

Sumário

Introdução, 9

1. O jovem que morreu e não sabia, 15

2. Um triste despertar, 27

3. Origens de um amor obsessivo, 39

4. Diálogo entre "mortos", 51

5. Exercendo influência sobre os encarnados, 63

6. Aprendizagem no prostíbulo, 75

7. Planos para uma terrível vingança, 89

8. Os perigos da noite, 101

9. Benditos médicos da alma, 113

10. Reflexões no hospital, 127

11. Resgate pela compreensão, 141

12. Um plano perfeito, 157

13. O passado de um homem solitário, 171

14. Preparação e desenvolvimento da reunião espírita, 183

15. Sublime encontro, 195

16. Desenlace, 209

Personagens da história, 221

Introdução

Esta obra foi concebida a mil metros de altitude. Era um verão de calor não muito intenso. Desfrutando curtas férias numa região montanhosa, me veio esta inspiração que só os bons espíritos conseguem depositar nas entranhas de uma alma. Deixei-me então levar, tocado pelo vento, como os longos cabelos de uma mulher em alto-mar, pela figura de um jovem de nome João, que causou nos recônditos de minha mente um impacto como o de um som seco e contundente de uma flecha atingindo seu alvo. Por que naquele dia e lugar?

Por ser o momento exato, o mais oportuno. Ele deixou em mim a marca indelével de seu passado, de sua história. Sequer consegui furtar-me à chuva de dados que sua presença emanava nas ondas do meu pensamento. O fato é que, por estar mais "perto" do céu, no alto de uma colina de onde se divisava um amplo vale, tudo era mais fácil, a razão se mostrava mais receptiva, e às vezes eu tinha a sensação de que o ar puro naquela maravilhosa paisagem trazia consigo o doce eco da assombrosa biografia daquele rapaz que reclamava, com educação, mas insistentemente, dar-se a conhecer a todos de ouvidos abertos às mensagens da outra dimensão. Sim, do plano para o qual cedo ou tarde teremos que viajar, pois não há verdade mais certa que esta: nascemos e morremos, mas é justamente quando morremos que voltamos a nascer, sem o pesado traje que nos acompanha ao longo de nossa existência física e que provoca em nós, indistintamente, tanto prazer quanto dor.

Suas palavras e frases carregadas de emoção, mas principalmente de gratidão, puseram em ação meus dedos. João tinha tanta necessidade de falar que de vez em quando eu sentia meu pulso direito doer, mas é verdade que aquilo de que a mão não dá conta o pensamento dá. Assim, o que eu não conseguia escrever na noite anterior passava para meu pequeno caderno na manhã seguinte, registrando tudo. Às vezes, quando ele me achava mais receptivo, punha-se a ditar suas anotações; em outras ocasiões, quando me via fraquejar, adiantava a essência dos capítulos seguintes no momento em que me dava liberdade, como se me avissasse para eu não perder o rumo de suas memórias, pois se encarregaria pessoalmente de me manter atualizado sobre o relato de sua vida, evitando que eu tivesse que fazer um enorme esforço para me lembrar dos acontecimentos, tal era sua ansiedade para "se aproveitar" de meu pensamento e de meus braços para se fazer conhecer.

Não era para menos. À medida que seus traços biográficos tomavam forma, eu me fazia com insistência a mesma pergunta: será que não me ocorreria o mesmo? Não teria a pretensão de tornar conhecido meu testemunho se tivesse passado pelas mesmas circunstâncias enfrentadas por João? É claro que sim. Essa era minha resposta, e quanto mais a repetia para mim mesmo mais energia investia para transformar em letras as ondas amorosas de um ser necessitado de se fazer conhecer, de oferecer sua experiência como mais uma vinda do além, mas reveladora de um episódio, caro leitor, que pode ocorrer com qualquer um, seja com você ou comigo.

Seu ímpeto vigoroso, sua fulgurante energia de jovem estudante, a forma como carinhosamente me "conduzia" para que não perdesse o ritmo de seu potente discurso eram harmonizados por sua experiência adquirida no lar espiritual e pelo trato com outros seres mais sábios que ele. Seres que o impregnaram de um doce equilíbrio entre a recordação de sua vitalidade, pouco utilizada em função de sua apressada desencarnação em tão pouca idade, e a erudição aprendida de criaturas que lhe ensinavam tantos conceitos em tão curto intervalo de tempo. O que outros espíritos teriam levado muito tempo para aprender era absorvido como esponja por João, pois sua vontade de aprender e seus desejos de melhorar aceleraram o bom andamento do curso que lhe foi destinado após ter tomado consciência de sua nova situação.

Assim são os espíritos bons, os que à medida que aprendem vão se sentindo afortunados por compartilhar sua corrente de conhecimentos. A esse respeito, os termos com que o Mestre Jesus se expressou no Evangelho são reveladores: "Ninguém acende uma vela e a esconde numa vasilha ou a põe debaixo da cama, mas coloca-a num castiçal para que todos os que entrem vejam a luz. Porque nada há escondido que não seja descoberto, nem segredo que não se torne conhecido e trazido à luz" (Lucas 8, 16-17). A essas palavras cristalinas, eu acrescentaria que faz falta a vontade de querer ver.

Queridos amigos, essa é a realidade do momento de transição em que vivemos. Não convém perder tempo, pois, quando o comboio chegar à estação, apenas subirão nos vagões os que tiverem acumulado méritos suficientes. São muitos os avisos que temos recebido da esfera imaterial, razão pela qual não se deve ignorá-los. Os que ficarem na plataforma, feito estudantes que perdem o ano, derramarão lágrimas de tristeza ao ver o trem se afastar por não terem desenvolvido os talentos postos à sua disposição. De nosso livre-arbítrio, somos tanto donos quanto prisioneiros.

Foram quatro longos meses de grata companhia espiritual, e tenho a impressão de que transcorreram segundos, o que me leva a pensar que na outra dimensão o tempo parece se comprimir tal qual elixir a concentrar a mais bela das essências, tanto do conhecimento quanto de uma ética tão formosa, que é difícil imaginá-la num plano tão grosseiro quanto este material em que nos desenvolvemos.

Como um grande acontecimento que deixa na memória marcas indeléveis, é assim que sinto a lembrança desse improvisado acompanhante, que, sem convite prévio, mas imbuído da mais digna das intenções, se dispôs a caminhar junto, na forma de meus pensamentos e inquietudes, para me participar de suas efemérides. Queira Deus que bem o guarde, estou certo disso. E, quem sabe, se de um momento para outro não começará a respirar de novo o ar de nossa atmosfera, uma vez que todos estamos, felizmente, convocados a prosseguir em nossa rota evolutiva, transpassados por essa lei da reencarnação da qual ninguém escapa. Bendito Espiritismo, que tanta luz nos traz!

Obrigado, João, por seu sacrifício e exemplo. Um abraço imenso aqui da Terra. Que seu relato nos impulsione a continuar crescendo e registrando o que nos espera.

[1]

O jovem que
morreu e não sabia

Um anoitecer qualquer numa cidade barulhenta. Um tráfego intenso percorria a avenida. Eram horas de um dia palpitante que se apagava, um momento em que as pessoas voltavam para casa em busca de descanso depois de uma agitada jornada de trabalho. De cima, embora houvesse na rua transeuntes e veículos por toda parte, podia-se ver um lugar onde notoriamente se aglomeravam mais pessoas. Uma ambulância e carros de polícia emitiam fachos de luz de várias cores, enquanto um grupo de curiosos se amontoava em volta de um corpo estendido no chão, ali no asfalto. Embora o serviço de socorro não tivesse demorado para chegar, nada pôde fazer para preservar a vida daquele infeliz, de aspecto jovem, a não ser constatar sua morte.

O corpo estava de bruços, com a cabeça inclinada para o lado direito e apoiada na calçada, como se quisesse ouvir as últimas batidas do coração de uma cidade agitada que lhe havia dado adeus. Os olhos da vítima permaneciam abertos, num olhar perdido voltado para a multidão que se juntava à sua volta. Uma grande poça de sangue circundava sua cabeça, sinal claro dos graves ferimentos que provocaram sua viagem para a outra dimensão. O semblante sério e abatido da equipe de socorro que se deslocou para o local da tragédia revelava que nada podia ser feito pelo desafortunado rapaz. Após a liberação da autoridade competente, o corpo do jovem foi colocado, com cuidado, dentro de um grande saco plástico branco e levado ao local onde seria realizada a autópsia.

Minutos depois, o serviço de limpeza recolheu o que restara ali após o acidente, jogou água no local, e o tráfego se restabeleceu com absoluta normalidade. Inúmeros carros voltaram a circular pela área do sinistro, que em poucos segundos já estaria esquecido por todos que por ali passavam. O som dos carros barulhentos, o incessante toque das buzinas, os semáforos dando passagem ao público e a polícia controlando o trânsito; tudo voltava à rotina enquanto a noite, seguindo seu curso, cobria com um manto escuro cada vez mais denso os rincões da metrópole.

João se afastou com tranquilidade daquele local, como se não entendesse a situação, com aparente desinteresse, e tomando exatamente a direção contrária. Continuou seu caminho, o mesmo que mais de uma hora atrás pretendia seguir. Porém, perdeu o rastro que seguia, por isso de repente achou sem sentido continuar aquele percurso. Notou que estava cansado, confuso, como se não conseguisse pensar com lucidez. Então tomou uma decisão que lhe pareceu a mais lógica: voltar para casa e descansar.

Chegando em casa, estranhou não ver ninguém, nem os irmãos mais velhos, que já tinham saído de casa havia tempo em busca de novos rumos afetivos e profissionais, nem seu pai, falecido anos atrás, nem sua mãe, que não costumava sair àquela hora adiantada do dia. No entanto, o peso que sentia na cabeça e certa perturbação que o impedia de concatenar as ideias levaram-no a ir para seu quarto, deitar-se e fechar os olhos cansados.

Na manhã seguinte, João pôde comprovar como os raios do sol penetravam por entre as frestas da persiana, por isso pensou que já tinha ficado tarde para ir ao instituto. Embora se desse conta do quanto as horas haviam passado, continuava a sentir o mesmo torpor, por isso começou a se preocupar. *"Será que dormi tão mal? Como me sinto confuso!"*, dizia a si mesmo. Prosseguindo em sua rotina matinal, resolveu ir até o quarto de sua mãe a fim de acordá-la, embora o fato de não tê-la visto acordada já fosse para ele um fato estranho.

Nem o menor rastro de sua presença. A passos largos percorreu todos os cômodos da casa para ver onde a acharia, mas nada. *"O que está acontecendo? Será que minha mãe está doente?"*, se perguntou. Com dificuldade, conseguiu refletir e deduziu que talvez a mãe estivesse internada no hospital ao lado de casa. Pensando nisso, saiu rápido e, movido pela inquietação, apressou-se até chegar à entrada principal do prédio. O rapaz pretendia obter informações sobre a possível admissão da mãe ali. As surpresas que nosso personagem passou a experimentar foram aumentando tanto em quantidade quanto em intensidade

Assim que se apresentou no primeiro balcão onde se pediam notícias de pacientes, viu uma jovem vestida impecavelmente com um uniforme branco e dela se aproximou a fim de pedir informação. Assim que a jovem desligou o telefone, João lhe perguntou se ela poderia lhe dar notícias de uma pessoa. Não tendo recebido nenhuma resposta ao seu pedido, achou estranho, mas pensou que a moça não o tinha ouvido. Assim, insistiu na pergunta. Nada. Diante daquilo que considerava um gesto mal-educado por parte da funcionária, ao ignorá-lo pela segunda vez, postou-se bem diante dela e, olhando-a nos olhos, repetiu em voz alta seu pedido de atenção. Desdém absoluto!

João pensou a respeito do que estava se passando e, sentindo-se muito aflito por tão séria indiferença, sentou-se num banco próximo à área da recepção. Queria pôr em ordem sua mente, mas tinha muita dificuldade em associar os pensamentos. Passou tanto tempo mergulhado nessas divagações que houve mudança de turno na clínica. Quando levantou a vista, constatou com surpresa que era outra mulher que estava de serviço. Ficou bastante alegre, e uma luz de esperança brilhou em seu íntimo, achando que essa funcionária atenderia aos seus pedidos.

Dessa vez fez apenas uma tentativa. Quando se deu conta de que de novo não era ouvido, desistiu. Perdido na sensação mais deprimente que se possa imaginar, retornou pensativo ao banco do hospital. Por fim, conseguiu ligar alguns dados que haviam surgido nas últimas horas. Por que no dia anterior estava andando naquela avenida? Por que ainda não havia conseguido ver Zilda, sua inseparável mãe? E o que mais lhe havia impressionado: por que as recepcionistas o haviam ignorado e dado atenção a outras pessoas que buscavam informação? Muitos enigmas se abrigavam em sua consciência letárgica à espera de solução. Embora esse fato constituísse para nosso personagem um primeiro passo na direção de seu esclarecimento, a verdade é que ele não conseguia atravessar a linha de enormes dúvidas que o consumiam por dentro.

Tomado pelo desconcerto e mesmo abatido, teve de repente uma ideia. *Se não querem me dar informação, irei buscá-la por minha conta. Afinal, conseguirei descobrir o paradeiro de minha adorada mãe"*, raciocinou. Mais animado, resolveu entrar no primeiro e amplo corredor que viu à sua direita. Percorreu, um a um, todos os quartos, observando bem o rosto de todas as pessoas que ali convalesciam. Nenhum sinal. Subiu ao primeiro andar, tomou a direita e depois a esquerda, inclusive se permitiu ler o registro das últimas entradas nos postos de controle de cada andar. Assim fez, sucessivamente, até completar os oito andares do edifício.

Ainda mais desesperado, deu-se conta de que não havia verificado os porões. Não se lembrava, por conta de outras visitas feitas no passado, de que pudesse ter lá algum doente internado, mas quem sabe talvez pudesse encontrar algum tipo de informação útil. Depois de descer vertiginosamente as escadas, virou-se para a direita e viu uma grande placa afixada em uma porta dupla na qual se lia "Cozinha e despensa", mas decidiu não entrar ali. Voltou a atenção para o outro lado, onde se podia ler: "Depósito e sala de autópsias".

Um grande calafrio percorreu seu corpo. Ele se sentia muito vulnerável por todos aqueles momentos vividos de forma tão intensa. Como uma labareda, uma pergunta percorreu em sua mente. "*Se não encontrei minha mãe em todo o hospital, seria possível que ela estivesse ali depois de morta? E se tivesse sido levada para aquele local lúgubre depois de não ter resistido a uma intervenção cirúrgica? Meu Deus!*", disse para si mesmo. Estaria o jovem em condições de suportar tal impressão que surgia em seu pensamento?

À medida que circulava pela galeria, ia se detendo nas etiquetas afixadas em cada gaveta, as quais exibiam a identidade dos cadáveres ali guardados. Ao completar as quatro fileiras de ambos os lados, suspirou com alívio. Em nenhuma das etiquetas estava o nome de sua mãe. Restava apenas um último aposento a investigar: a sala de autópsias. Armado de forte ímpeto e desejando acabar o quanto antes com sua busca, penetrou no local, iluminado unicamente por um potente foco que apontava para a figura de um corpo sobre uma plataforma, semelhante a uma mesa de cirurgia, coberto por um lençol branco que se estendia inclusive sobre a cabeça.

Ele se aproximou então do que parecia ser um cadáver recém-examinado por médicos, o que costuma ser feito após uma morte violenta que precisa ser esclarecida e exige avaliação minuciosa para se determinar as causas exatas do óbito. O impacto que atingiu João foi o maior que sofreu em toda a sua curta vida. Nem precisou levantar o lençol que cobria o rosto daquele ser para reconhecer naquela pessoa anônima seu próprio semblante. Espantado pela impressão, caiu para trás, comovido pela visão daquele rosto idêntico ao seu.

Naquele momento de caos e sob o efeito de uma forte ansiedade, aconteceu algo de que ele não se esqueceria jamais. Um eco grotesco, semelhante a uma gargalhada sem fim, se propagou pela sala subterrânea e solitária. Perturbado por aquele som estridente e tão perturbador, ele virou o pescoço intuitivamente para trás e pôde perceber a figura imponente de um militar vestindo um uniforme verde de instrução. Era um indivíduo alto, de natureza forte e aspecto ameaçador, que dava a impressão de ser um sujeito com dons de comando. Mas o que fazia ali aquele homem de aparência marcial, a quem só faltava trazer um sabre na mão ou um fuzil apoiado no ombro? Parecia ter uns cinquenta anos, tinha um vasto bigode e um olhar fulminante, muito parecido com personagens de temperamento aguerrido das histórias bélicas.

De novo o vozeirão estrondoso se fez ouvir no local.

— *Imbecil!* — vociferou o militar. — *Finalmente você começa a entender!*

— *O que disse?* — perguntou João.

— *Não se faça de surdo. Você parece mais idiota quando faz perguntas do que quando está procurando sua mãe.*

— *Mas o que você sabe de mim? Como pôde ler meus pensamentos?*

— *Ignorante!* — gritou o indivíduo grosseiro. — *Estive observando-o desde o momento de seu acidente. Sabe de uma coisa? Gosto de recrutar gente como você para meus propósitos. Essa é minha atividade favorita. Creio que você será um bom candidato para engrossar minhas fileiras.*

João não estava entendendo nada. Por um lado, repugnava a figura daquele valentão que não perdia oportunidade de humilhá-lo com seus insultos e ridículos gestos, mas num segundo se deu conta de que ele era a única pessoa com quem conseguira falar nas últimas vinte e quatro horas. Tinha tantas perguntas para fazer que não podia responder àquele homem com a grosseria que ele merecia por conta do seu estilo despótico de se comunicar. Erguendo-se para contemplar melhor aquele sujeito tão desafiador, ficou como que paralisado diante do olhar inquisitorial do homem fardado.

— *Siga-me, idiota. Acho graça em gente tão analfabeta quanto você. Vou lhe revelar os mistérios que invadem sua mente. Mas se quiser de mim alguma informação, você terá que me prometer uma coisa.*

— *Prometer?* — perguntou João, desconfiando do estrambólico personagem.

O jovem ficou pensando sobre a singular proposta, mas como as indagações lhe pressionavam a cabeça, decidiu continuar o jogo do peculiar sujeito.

— *Sim, será uma boa forma de me garantir que você é um dos meus. Rapaz, garanto que, se você negar, vai perder muito e ganhará minha indiferença. E acredite que o que disse por último não lhe convém.*

— *Está bem, concordo* — respondeu João. — *O que tenho que lhe prometer?*

— *Calma, rapaz. O que vou lhe pedir não é algo impossível. Não considere isso uma humilhação. Só quero que você seja mais um em minhas fileiras, ou seja, que jure fidelidade total.*

— *Fidelidade? Mas como é possível ser fiel a alguém que nem sequer conheço?*

— *Está bem, vou me apresentar. Sou o general Eusébio Gonçalves. Como bom soldado que você vai ser, deve me confirmar o máximo de sua lealdade e usar comigo o tratamento de excelência, correspondente à minha categoria, é claro.*

— *Um momento, "general". Não sou especialista na matéria, mas vi no cinema filmes de guerra. Suas divisas correspondem ao grau de sargento. Que farsa é essa de "general"?*

— *Ah, as insígnias não importam muito aqui. Mas vou mudá-las imediatamente. Esses malditos bastardos com seus preconceitos e pouca visão. É verdade que nunca passei do grau de suboficial, mas por minha coragem e dedicação ao exército bem poderia ter chegado ao posto de general. Creio que isso teria sido uma merecida homenagem a toda uma vida de serviços impecáveis prestados à pátria. Além do mais, o que vale aqui é o que eu sinto e não o que você opina. Então, você já sabe como é. Não me faça perder a paciência, recruta.*

Diante da inesperada e ridícula situação que inusitadamente se desenrolou numa sala de autópsias, o jovem acabou decidindo prosseguir com a pantomima.

— *Está bem, "excelência", apresento-lhe meus respeitos e inquebrantável adesão, mas, por favor, tenho uma infinidade de perguntas a lhe fazer. Faria a gentileza de me responder?*

— *É assim que se faz, rapaz. Isso já me agrada mais. É muito o que me pede, mas em atenção a seu juramento e ao fato de satisfazer meus desejos vou lhe mostrar algo.*

Então o militar tomou João pelo braço e o levou exatamente para junto do cadáver estendido na mesa de metal sob um intenso facho de luz branca.

— *Concentre-se e olhe bem para seu rosto, estúpido! Ainda não se deu conta de que é você?*

[2]

Um triste despertar

Um tenso diálogo se desenrolava na sala de autópsias onde João permanecia com o militar, que pretendia lhe demonstrar a autenticidade daquilo que o rapaz, aparentemente, se negava a admitir.

— *Não, não, não* — dizia o jovem com pavor. — *Isso é impossível. Acabo de vir de minha casa e estava procurando minha mãe, que talvez tenha adoecido e esteja internada aqui.*

— *Tá, tá, tá* — zombava o militar. — *Olhe como você é cabeça-dura. Um bom soldado tem que aceitar a realidade como ela é. O contrário seria covardia, estupidez. E você vai ser um bom combatente, atento às minhas ordens.*

— *Estou lhe dizendo que se trata de um erro. Sem dúvida, esse sujeito na mesa é alguém que se parece muito comigo. Dizem que todos temos um sósia, fisicamente idêntico. Quem sabe esse desgraçado é...*

— *Está bem; como vejo que está se comportando de forma obstinada, terei que usar com você métodos mais expeditos.*

— *"Expeditos"?* — perguntou João, entre surpreso e assustado.

— *Não se assuste, recruta* — disse o general em termos definitivos. — *Se você não quer conhecer a verdade, terei que lhe mostrar às claras. Use a memória. Tente se lembrar de algo traumático ocorrido em seu passado, algum sinal ou marca que passou a distingui-lo desde então.*

— *Sim, pensando bem, quando menino, aos dez anos, sofri uma queda brutal e tiveram que me operar a perna direita, o que deixou uma profunda cicatriz no joelho. Mas... o que está querendo que eu entenda? Desculpe-me, o que quer dizer com isso, excelência?*

— *Comprove-o você mesmo, soldado. Coragem, rapaz.*

Instintivamente o jovem dirigiu o olhar para a parte do corpo do cadáver que ele próprio havia mencionado segundos antes. Quando constatou que ela coincidia exatamente com a marca que possuía, as mesmas dimensões, ele se ajoelhou diante daquele corpo inerte, e um pranto amargo inundou seus olhos. Depois de alguns instantes de intensa confusão, conseguiu se recuperar um pouco e se levantou do chão com dificuldade. Fazendo um grande esforço para manter o olhar diretamente voltado para o militar, ele disse:

— *Então estou morto?*

— *Está, soldado. Não é maravilhoso? Graças a isso, você teve a grande sorte de me conhecer e de poder se alistar em minha divisão. Não é genial?*

— *Sim. É uma grande honra, senhor* — comentou o rapaz com aspecto pensativo, abaixando a cabeça na direção do chão limpo da sala.

De repente, João sentiu como se uma luz começasse a brilhar em seu interior e, durante alguns minutos, seu raciocínio e a concatenação de pensamentos voltaram a entrar em ação em sua mente. Lembranças recentes lhe vieram à memória e, à medida que contemplava o rosto desfigurado daquele corpo nu, começou a conectar causas com efeitos. Retrocedeu à tarde do dia anterior. Estava vigiando, não porque fosse detetive ou estivesse protegendo alguém, mas apenas para se certificar de que seu amigo Marcelo estava dando um passeio com Elisa, a garota do colégio de quem ele mais gostava e pela qual suspirava já havia tempo.

Quando eles atravessaram a avenida, João decidiu segui-los a uma distância prudente, mas como o semáforo se fechara para a passagem de pedestres, ele corria o risco de perdê-los de vista. Por isso tomou a maldita decisão de atravessar às cegas a via, de tráfego tão intenso quanto veloz. Sentia-se tão cego pelo que estava pressentindo que só olhava à esquerda para evitar os veículos que podiam atropelá-lo; correndo, cruzou a calçada que dava acesso aos carros que passavam pela direita e cravou novamente os olhos no casal de jovens que perseguia, a fim de não perdê-los de vista.

Nosso protagonista, num impulso involuntário, levou as mãos à cabeça e, ao contemplar seu próprio cadáver no meio daquela sala subterrânea, compreendeu finalmente o que havia acontecido. Algum carro em alta velocidade vindo no outro sentido devia tê-lo atropelado, fazendo-o saltar pelos ares. O lamentável estado que exibia o parietal esquerdo daquele corpo inerte fez o rapaz entender a tremenda violência do choque de sua cabeça contra o asfalto; a força foi tanta que houve fratura de crânio, seguida de grande hemorragia e desencarnação imediata.

Agora compreendia o que havia se passado: como continuara a procura por seus companheiros de colégio como se nada houvesse acontecido; como perdera o rastro deles; como se afastara daquele trágico cenário sem consciência do que havia ocorrido; como perdera o interesse na perseguição por não ter encontrado a mãe em casa; como não havia sentido fome nem sede por horas e, mais recentemente, como fora ignorado pelo pessoal da recepção do hospital. Agora tudo começava a se encaixar naquele quebra-cabeça interminável no qual ainda havia muitas peças a serem colocadas. O pior de todo o fenômeno, que lhe passava como um túnel, é que, quanto mais dados e informações recebia sobre o que havia acontecido, mais triste e deprimido ficava.

"Mas não pode ser", disse a si mesmo. *"Se tenho apenas dezessete anos! Isso não pode estar acontecendo comigo. Trata-se de um sonho ruim, de um pesadelo infame. Tenho que acordar, acordar, acordar..."* Enquanto pressionava a fronte, tanto com o pensamento quanto com os dedos, uma forte palmada em suas costas o fez recuperar a consciência da situação.

— *Venha, recruta, em forma!* — disse num tom imperativo o general Gonçalves, enquanto o sacudia entre fortes gargalhadas. — *Só os covardes se abatem diante da adversidade. Você tem que se preparar o quanto antes para a instrução. Não vamos perder a oportunidade de adestrá-lo convenientemente, garoto.*

Aquilo foi mais do que João podia suportar. As terríveis lembranças que afloraram em seu pensamento haviam permitido que ele conhecesse a verdade, mas o tinham deixado também na mais desoladora prostração. *"O que devo fazer? Qual será meu futuro?"*, questionou-se, com séria preocupação. Entre bater naquele "louco" que o havia despertado para a mais trágica realidade e fugir rapidamente daquele cenário macabro, decidiu-se pela segunda opção. Fugiu dali a toda a velocidade e entrou num largo corredor, onde se sentou no chão, e, cobrindo o rosto com os braços, começou a derramar lágrimas amargas, qual manancial de que brotam as primeiras águas.

Sem poder precisar o tempo que permaneceu ali naquela posição e em profunda melancolia, mergulhado em amarga meditação, ouviu passos e, inconscientemente, correu a se esconder atrás de uma coluna do edifício. Agachado, viu que se tratava de dois operários da funerária que iam para a sala de autópsias. Após alguns minutos de tensa espera, observou uma triste cena: viu como pegavam um saco branco, que continha seu corpo, e o colocavam sobre uma maca para levá-lo a outro lugar.

Movido pela curiosidade, resolveu seguir os trabalhadores. No entanto, alguns segundos após a insólita caravana, um deles deu a volta e retornou à sala de onde havia saído, sem dúvida para pegar algo que esquecera. Como a distância a que estava deles não era grande, João não teve tempo de reagir e não conseguiu evitar ser trespassado pelo operário. O rapaz se jogou no chão para se proteger, mas não houve nenhuma reação por parte do homem e tampouco de seu colega, que apenas perguntou o motivo da mudança de itinerário. Impossível que nenhum dos dois tivesse percebido sua presença. Aquele foi o momento crucial para ele perceber o que, intuitivamente, aflorara em sua memória: ao que parecia, só os seres que já haviam "morrido", como ele, podiam vê-lo, mas não aqueles que ainda pertenciam ao mundo dos "vivos". Nesses instantes de assombro, chegou à conclusão de que o militar também pertencia à nova dimensão em que ele agora se movia. *"Mas há quantos anos Gonçalves estaria vagando por aí?"*, pensou.

Retomado o traslado, o corpo do jovem foi depositado em uma plataforma junto à qual esperava uma senhora de meia-idade, que tinha nas mãos uma pequena bolsa. A conjuntura do momento atraía toda a atenção de nosso personagem, que desconhecia completamente quais seriam os passos seguintes que afetariam nada mais nada menos que seu extinto organismo. A mulher retirou da valise um conjunto completo de maquiagem, cremes e pincéis com que pretendia maquilar o rosto já sem cor daquela criatura de quase dezoito anos, recém-

-desprendido da vida física. Depois de pensar, já mais relaxado, na monumental obra de arte que aquela profissional poderia fazer para melhorar o semblante de alguém que havia trincado o crânio, decidiu esperar para seguir o destino de seu antigo "envoltório carnal". Enquanto esperava, uma inquietante pergunta se instalou em seu pensamento. Se seu cérebro havia ficado destroçado, se seu coração já não batia havia horas e não se notava o menor sinal de vida naquele corpo, como era possível que ele continuasse pensando e sentindo? Enquanto dava voltas naquela encruzilhada de pensamentos, não se sabe se científica ou filosófica, ou ambas, a maquiadora concluiu sua tarefa e apertou uma campainha para avisar que terminara seu trabalho.

Poucos minutos depois, a maca com o corpo de João foi levada para o andar térreo, com a cabeça envolvida num lençol branco, que apenas deixava à mostra seu rosto, tampando todo o resto, a fim de esconder a enorme fratura que aparecia no parietal esquerdo do jovem. Com extremo cuidado, o corpo foi colocado no caixão, em cuja parte superior um vidro de forma ovalada era o único meio que permitia ver-lhe o rosto. Essa pequena superfície se transformou em uma janela, através da qual as pessoas poderiam se despedir dele depois de contemplar seus traços pela última vez.

Quando o féretro chegou à sala de velório, tudo era silêncio. Depois de uma hora, ela seria aberta para que os familiares, amigos e conhecidos pudessem lhe dar o último adeus. O jovem ficou ali no escuro, em atitude de espera paciente, como se uma força invisível de lembranças o ligasse a seu antigo veículo carnal. *"Onde estaria o militar?"*, perguntou-se. Depois de tudo, sentia, na mesma medida, tanto raiva quanto compaixão por aquele ser. Raiva pelo modo como o havia tratado, pois, sem nem conhecê-lo, ele o havia humilhado e ridicularizado por meio de contínuos insultos e linguagem grotesca, quando o que precisava, mais do que nunca, era de carinho e apoio. Mas, por outro lado, sentia certa pena daquele personagem peculiar que parecia se desenvolver num mundo "inventado" por sua imaginação, no qual devia pensar que, recrutando jovens para suas fileiras, poderia empreender missões não se sabe com que fim. De todo modo, aquele cinquentão fardado desaparecera. *"Será que voltarei a vê-lo?"*, indagou-se.

Refletindo sobre essas questões, ouviu um ruído de chaves e o acender de luzes. Ansioso, ergueu-se do tapete onde ficara sentado para observar o que se passava. Ao notar que se abria uma das portas de uma das salas do necrotério anexo ao hospital, foi tomado pela emoção, e uma angústia impossível de controlar se apoderou dele. Sua querida mãe, aquela que o havia amamentado, vestido, alimentado e banhado, ali estava, inundada em lágrimas, segurando uma foto recente de seu filho no colégio. Trajava um vestido escuro, reflexo do mais profundo pesar que a invadia, pois é sabido que para uma mulher não há sofrimento mais atroz neste mundo de provas do que a perda de um filho. Com o ânimo alquebrado pela pior das amarguras, João contemplava a mãe, que ali, em solidão, só tinha olhos para o rosto desfigurado de seu filho preferido, o caçula da casa, seu tesouro mais precioso, o único que ainda vivia com ela e que lhe proporcionava a mais doce companhia na falta do marido.

O rapaz não sabia como consolar aquela criatura tão amada e admirada. Que situação triste ver chorar aquela que lhe deu à luz, guiou seus passos, o cobriu antes de se deitar, deu-lhe ânimo nos momentos de dúvidas e o apoiou nas dificuldades. João era a pura impotência personificada. Arfante e desesperado pela mais aflita angústia, tentou abraçá-la, mas, diante de sua aflição, a mãe lhe escapava por entre as mãos. Quando tentou acalmá-la com as pontas dos dedos, viu também como esse gesto apenas servia para atravessar sua silhueta. Finalmente, após muitas tentativas infrutíferas, descobriu que o melhor era somente roçá-la levemente com as palmas das mãos, apreciando naqueles sublimes instantes uma leve sensação de calor que o reconfortava em meio ao temporal de emoções que ameaçava consumi-lo em angústia.

[3]

Origens de um amor obsessivo

João também se deu conta de um aspecto importante. Sua mãe respondia muito bem à qualidade de suas "vibrações"; quando eram de tristeza, ela se sentia como que embargada por uma tristeza que o contagiava, se os sentimentos eram de amor, ela se mostrava mais relaxada, como se conseguisse perceber a ternura silenciosa que emanava das mãos do filho. *"Tenho tanto a lhe agradecer!"*, pensava nosso personagem. O que podia fazer para que ela soubesse que ele estava ali, naquele cenário tão desolador? Como conseguir que ela soubesse de sua presença? Sem dúvida, tal notícia seria para Zilda a mensagem mais consoladora de sua existência. Mas o rapaz não conhecia o meio de fazer isso, e cada segundo que permanecia "incomunicável" se transformava numa desesperada sensação de impotência, uma vez que podia observar, mas não ser observado. Naquele momento de emoção, lembrou-se de um episódio de sua infância no qual comentava com outras crianças como seria fantástico poder agir como um verdadeiro "homem invisível" para descobrir os segredos dos adultos sem ser visto. Agora, aquela fantasia do passado se tornava realidade, mas de um modo que ele não teria gostado de imaginar nem no mais remoto dos cenários, pois a raiva que lhe causava estar longe da pessoa que lhe era mais querida o consumia por dentro. Jurou a si mesmo que faria todo o possível para resolver aquele angustiante enigma que tanto sofrimento gerava.

Encerrado aquele momento de intimidade entre mãe e filho, a porta da sala se abriu para que entrassem os demais familiares e os visitantes. Seus irmãos foram os primeiros a ver o rosto do caçula da casa através do visor de vidro do caixão. Acabaram sucumbindo ante os efeitos arrasadores provocados pela contemplação de um ente querido arrancado da vida tão prematuramente. Embora João participasse da dor e da angústia dos parentes, toda aquela atmosfera que costuma acompanhar os atos fúnebres sofreu um repentino e incontrolável impacto quando nosso personagem observou que entrava no local Marcelo, um amigo e ex-colega de colégio.

Seus pensamentos imediatamente passaram da tristeza à irritação, e uma fúria terrível tomou conta de seu ser. Ali estava em pessoa aquele a quem João atribuía a causa de sua "morte". Mas para compreender bem essa situação tão cheia de emoção surgida durante o velório do jovem, teríamos que voltar no tempo alguns meses, ou até anos, para conhecer as origens do relacionamento entre nosso protagonista, seu companheiro inseparável e Elisa, a garota que havia "enfrentado" os jovens.

Os três haviam nascido no mesmo ano. Viviam no mesmo bairro, e, embora se tratasse de uma cidade grande, suas casas eram relativamente próximas umas das outras. Pertenciam à mesma classe no colégio, e desde os primeiros instantes uma especial corrente de simpatia começou a tomar forma entre eles. Durante sua primeira infância, Elisa não se integrou perfeitamente no trio. No entanto, à medida que a adolescência emergia, tudo começou a mudar substancialmente. Aquele incipiente interesse se intensificou de modo uniforme no dia a dia, em meio a tantas atividades compartilhadas. Foi assim que brotaram as tendências instintivas de atração, tal qual a natureza se veste de cores na primavera. Quem se sentia mais à vontade era a garota; no início ela não tinha claras preferências por um ou outro amigo e dividia seus ímpetos juvenis entre outros grupos com os quais saía sempre para se divertir.

Em um fim de semana, depois de um período suficiente de amadurecimento, manifestaram-se em João os primeiros indícios de um sentimento ardoroso por Elisa. Como ela não lhe correspondia, apesar de todos os sinais que João lhe dirigia, uma tarde em que ficaram a sós ele decidiu manifestar abertamente as emoções mais íntimas vindas de seu coração. Não querendo complicar seu relacionamento amistoso, a jovem, de modo amável, mas firme, rejeitou a declaração de intenções do rapaz. A primeira reação de João foi de uma grande decepção, equivalente à intensidade do desejo que sentia pela adolescente, mas entendeu aquilo como uma primeira negativa, com a esperança secreta de que ela viesse a mudar a maneira como o via e acabasse aceitando sua proposta de namoro.

Os meses transcorreram com aparente normalidade, mas o sentimento ardente e apaixonado de nosso amigo lhe pregava peças, pois cada vez lhe dava mais trabalho escondê-lo, tanto quando estava diante de Elisa como quando a olhava pelas costas. Chegou um momento em que a emoção se transformou em obsessão, quando ele então passou a dedicar todas as horas em que estava acordado e parte de seu sono a pensar na jovem, em como seria uma relação com ela, nas palavras e carícias que trocariam. Fantasiava a respeito de qualquer atividade que compartilhava com a garota; via-se passeando, jantando, convivendo com ela. Punha-se a imaginar um projeto de vida em comum, uma fusão das duas vidas, transbordando projetos afins. Era tamanha a intensidade do desejo, que João reconheceu em si mesmo uma pessoa cada vez mais obcecada, seguindo os passos de Elisa, seus movimentos e até controlando sua respiração.

Num dia de aula, à hora do almoço, aconteceu algo que atingiu nosso personagem como se uma espada houvesse atravessado seu inflamado coração. Ao final da última aula da manhã, quando passava por um dos corredores do colégio, viu uma cena que o fez gelar. Na altura em que estava, de onde tinha boa visão, pôde observar Elisa e seu grande amigo de alma, Marcelo, sentados a uma mesa para dois, prontos para almoçar na cantina local. Se apenas vê-los juntos o deixou inquieto, observar como suas mãos se entrelaçavam e se mantinham apertadas durante breves períodos de tempo disparou todos os alarmes. Parado ali, naquele ponto elevado de onde podia observarr, sem ser visto, todos os frequentadores do grande salão, ficou se torturando com pensamentos ácidos, coisa que nunca antes havia feito. O tormento se estendeu por vários minutos, que a ele pareceram eternos. Numa cena que beirava o masoquismo, esquadrinhava quadro a quadro, plano a plano, o filme que jamais queria ter visto, mas que, no entanto, para seu mais íntimo sofrimento, se projetava diante de sua vista turvada. A paisagem daquele triste meio-dia era alimentada por uma voz interior que atiçava seu sofrimento mais íntimo sob o grito dilacerante: "Que injusto! Isso não pode estar acontecendo comigo".

Porém, ocorreu que, além do episódio ter frustrado seriamente os interesses emocionais de um personagem tão intenso, João levou a mal aquela cena; para o jovem, ela havia sido pintada com os pincéis da deslealdade e da ingratidão. Mesmo que o melhor psicólogo do mundo estivesse ao seu lado naquele momento para tentar acalmá-lo e descrever-lhe com objetividade o que estava se passando, explicando-lhe sobre o direito que tinham seus amigos de desfrutar de um almoço na intimidade, nada nem ninguém teria dissuadido nosso personagem de se sentir arrastado pela mais áspera amargura, a que havia feito em pedaços o cristalino vaso de imaginação romântica aninhado em seu íntimo. No entanto, e como costuma acontecer com alguns apaixonados, nosso amigo não quis admitir que por trás daquela cena poderia estar nascendo um belo romance. Cativo do próprio engano e não querendo se martirizar mais, decidiu não se desesperar, apesar da forte vontade de saber mais detalhes sobre aquele primeiro contato para confirmar ou rejeitar a perturbadora hipótese que não lhe saía da cabeça. Será que Elisa e Marcelo teriam realmente se apaixonado? Seria apenas uma amostra carinhosa de um dia especial, mas sem desdobramento no futuro? Será que aquele detalhe manifestado diante de seus olhos iria se transformar depois numa relação amorosa?

Vários amanheceres se seguiram sem grandes novidades, mas João desconhecia um detalhe fundamental. Os dois jovens "controlados" por ele haviam decidido concretizar a relação amorosa, mas, por respeito e delicadeza, não haviam comentado nada com o companheiro de infância, sobretudo porque Elisa havia revelado a Marcelo o interesse que João demonstrara abertamente por ela algum tempo atrás. Por essa razão ambos concordaram em tomar uma resolução tão discreta.

Aquele trágico dia amanheceu como outro qualquer, e ninguém, exceto aqueles que governam o destino dos seres humanos em estreita união com seu livre-arbítrio, poderia imaginar como as cortinas que deixam passar a luz da vida terrena se fechariam sobre a silhueta de nosso personagem para que despertasse na incerteza de um plano ao qual não pretendia voltar tão cedo. Descia sobre a cidade aquela tarde crepuscular, quando, refém de um ciúme inflamado e primitivo por causa da sensação de ter perdido algo que lhe pertencesse, João se dispôs a seguir os passos do feliz casal, que decidiu aproveitar aquele cair de tarde para um agradável passeio pela avenida, de mãos dadas. Era a maneira ideal de desfrutar do entusiasmo do primeiro amor de dois adolescentes, embora, mesmo que involuntariamente, isso despertasse no outro jovem a chama de um fogo abrasador que o corroía por dentro como as chamas devoram a folhagem seca. Esse foi o momento em que, movido pela pressa da inconsciência, pela tortura daquele que sofre em silêncio, não quis perder de vista o casal e acabou perdendo algo mais valioso — o controle de sua existência, que acabou ceifada pela foice daquele veículo da "morte", que, com a batida, levantou-o vários metros acima do chão. Com o sangue latejando nas veias, foi atirado ao solo após o brutal impacto, mas agora, à sua frente, apenas o sinal daquele trágico trânsito; e o sangue não mais circulando em suas artérias.

E agora ali, naquele recinto onde se velava o corpo de João, mesmo sem nenhum sinal vital, ele voltava a experimentar as mesmas sensações do dia em que viu os amigos de infância almoçando juntos e depois caminhando pela avenida. Queria dizer à mãe que não estendesse a mão nem os braços a Marcelo, pois havia sido ele que lhe roubara o filho, seu amor, perturbando-o de tal forma, a ponto de fazê-lo atravessar como um louco uma grande avenida repleta de carros — supostamente levando nosso personagem a deixar o plano físico.

"Mamãe, não faça isso", gritou João para si. *"Se você soubesse que foi ele quem deu início ao meu calvário de preocupações e acelerou meu final ao rasgar meu coração com suas intrigas para, às minhas costas, se apoderar de Elisa."*

Quando, entre a perplexidade e a indignação, contemplou a cena em que a mãe e o adolescente se fundiam num sincero abraço de reconhecimento de mútuo pesar, nosso personagem não suportou mais. Trincou os dentes de pura raiva e saltou no pescoço de Marcelo com a intenção de derrubá-lo e separá-lo da mãe, por ele enganada. No entanto, o único que caiu foi ele mesmo, ao atravessar sem obstáculo a silhueta de seu antigo amigo e a parede da sala, indo parar no corredor central do hospital, onde se juntavam as pessoas que pretendiam mostrar seu pesar à família. Foi tal a força do impulso de sua irritação interior que ele permaneceu aturdido durante alguns instantes e, sentando-se no carpete do corredor, se manteve pensativo sobre o fenômeno que presenciara. Já mais calmo, chegou à conclusão de que agora se movimentava numa dimensão diferente da material e que, por mais que quisesse, não poderia falar com a mãe para lhe dar sua versão do acontecido e tampouco iria poder se vingar de Marcelo, como quando tentou golpeá-lo. O que podia fazer? Sentia-se tão frustrado, tão impotente para retomar os fatos... Deveria haver uma rota, algum modo de intervir em todo aquele pesadelo tão aterrorizante quanto real que se desenrolava implacavelmente diante de seus olhos.

[4]

Diálogo entre "mortos"

— *Deus meu!*

— *Mas, Deus meu!* — exclamou o rapaz. — *Como posso falar e ao mesmo tempo me ouvir, se estou morto? Por que, se já não tenho cérebro, sinto e me emociono até mais do que quando contemplava Elisa caminhando pela classe? Vejamos* — prosseguiu o jovem. — *Por ora, a única pessoa com quem pude me comunicar foi aquele sargento, general ou o que seja. Isso significa que deve estar tão "morto" quanto eu; por isso nos situamos no mesmo nível, por esse motivo nos ouvimos um ao outro. Mas se morri, se vi minha cabeça ferida na sala de autópsias, se meu cadáver está tão só, a alguns metros, e velado pelas pessoas! Isso é um pesadelo, e se alguém não me esclarecer isso creio que ficarei louco, nunca me explicaram isso na escola ou em casa, nem sequer li ou estudei o tema em livro algum. Senhor, preciso de uma solução para meu estado ou vou perder a razão a qualquer momento.*

Pensando e pensando, com o pessimismo se apoderando de sua vontade, levantou-se do corredor e se dirigiu lentamente, com gesto abatido, para a parte externa do edifício, onde pôde comprovar como as sombras da noite haviam posto fim à jornada mais infausta de que se lembrava de sua curta vida, pior, inclusive, que aquela quando amavelmente fora rejeitado por sua amada. De forma inesperada, e no momento em que estava mais deprimido, ouviu às suas costas o estrondo de uma gargalhada. Ao se voltar, reconheceu o uniforme já familiar daquele homem com quem havia cruzado algum tempo atrás.

— *Você de novo por aqui?* — perguntou o rapaz, assombrado.

— *Meu general, se não se importa* — respondeu Gonçalves com certa carga de ironia na expressão.

— *Ah, sim, o senhor me perdoe* — balbuciou João, não sabendo o que lhe causava mais espanto: voltar à sala de velório ou suportar a falação incômoda daquele patético personagem.

No entanto, sentindo sua mente mais lúcida durante alguns segundos, estava inclinado a se comportar de modo inteligente e seguir a conversa com aquele fanfarrão de meia-idade. De repente, se deu conta de que o militar era o único vínculo ao qual poderia se agarrar para obter alguma informação sobre o que estava ocorrendo. Também era a única criatura que poderia esclarecer uma série de enigmas que se amontoavam em seu pensamento e repercutiam em sua mente feito um martelo se chocando contra uma bigorna.

— *Isso está acontecendo com você por ter evitado a presença de seu superior. A hierarquia é um dos elementos essenciais no exército. Se não se respeita a hierarquia, acabam ocorrendo verdadeiras catástrofes, como essa que o sacudiu.*

— *Mas, senhor, como sabe o que aconteceu comigo?*

— *Ah, claro, eu o observava a distância. Na verdade, não me mantive muito longe, mas você se sentia tão ensimesmado com seus pensamentos que nem sequer me percebeu. Eu repito, rapaz, ao fugir de mim, você enfrentou sozinho, sem o bom conselho que minha autoridade lhe oferece, uma série de fatos difíceis.*

— *Excelência, e o que significa isso que está me dizendo?*

— *Você já ouviu isso, soldado. A instrução de um novato como você exige que enfrente os perigos em uma missão progressivamente, não de uma vez; e você, ao agir na base de impulsos, não conseguiu suportar bem o peso dos acontecimentos; tem lidado com eles de modo precipitado.*

— *Entendo, senhor.*

— *Pois é assim, rapaz. Você não deve se expor inutilmente se não quiser sofrer mais. O combate implica bom treinamento prévio e ir avançando pouco a pouco, com segurança. Você me entende agora? Ah, ah, ah!*

— *Compreendo, meu general. No futuro devo me comportar de modo mais precavido e, antes de agir, ouvir seus sábios conselhos* — disse João, com a secreta esperança de que aquela estrambólica figura lhe esclarecesse toda a série de pontos obscuros em sua mente.

— *Sim, claro. Vejo que está aprendendo a se comportar.*

— *Meu general, permite que lhe faça uma pergunta?*

— *Claro, recruta; não há consulta de um rapaz a seu superior que este não lhe possa responder* — disse o militar em tom jocoso.

— *O senhor também está morto como eu?*

— *Ah, ah, ah! Mas, garoto, não seja ignorante. Que ideia!* — afirmou o cinquentão, enquanto ria desaforadamente.

— *Se estivesse morto não estaria falando com você, idiota. Não acha? Ah, que engraçado é você, rapaz. Desde quando os mortos conversam entre si? Mas que coisa ridícula é essa?*

— *Senhor, foi o senhor que me comunicou naquela sala mortuária que eu estava morto e que devia assumir o fato o quanto antes.*

— *Ah, claro. Já me lembro. Mas a única coisa que preten- dia lhe dizer é que você devia se esquecer de sua etapa anterior.*

— *Me esquecer?*

— *Sim, garoto. Referia-me a você ter que permanecer ligado a suas lembranças.*

— *Muito bem, excelência. Então volto a perguntar. Eu morri ou não morri? É muito importante que eu saiba disso para enfrentar minha situação o quanto antes.*

— *Bem, vou lhe dizer de outra forma. Se isso lhe serve de explicação, o que você fez foi simplesmente mudar de cenário.*

— *Senhor, eu não estava falando de cinema ou teatro, mas da própria vida. Por favor, poderia ser mais concreto?*

— *Tudo bem, soldado. A vida nunca termina porque você é imortal, como eu. É um caminho sem fim, a única coisa que fazemos é mover-nos por diferentes cenários. Agora, apenas se situe em um cenário diferente daquele de algumas jornadas atrás.*

— Então devo confirmar a notícia: estou morto.

— Ouça, rapaz, mas como pode ser tão teimoso? Se você quer se castigar com suas expressões, tudo bem. Tenho clara minha missão de recrutamento e meus deveres para com o exército a que sirvo.

— Devo entender, então, meu general que o senhor também tem um passado.

— Todos temos um passado, mas a única coisa que existe é o presente, e ele me diz que hei de fazer de você um combatente valoroso.

— Com todo o respeito, senhor, poderia me falar sobre suas origens?

— É claro que não. Mas que confiança é essa? Quando você se tornar merecedor disso por cumprir seus deveres, talvez. Além disso, um superior não pode ter intimidade a esse ponto com um de seus subordinados. Jamais conheci ninguém tão atrevido como você, rapaz.

— Insisto, excelência. Não gostaria de me contar sua história? Talvez ela pudesse me orientar em minhas incumbências.

— Ei, soldado, não se faça de esperto. Isso, decido eu, já lhe disse que não vou falar disso com você. E assunto encerrado.

— Está bem, senhor. Desculpe-me pelo sarcasmo. A verdade é que eu sentia um mal-estar interior, precisa me entender, não é fácil aceitar o que aconteceu comigo, tão jovem, com toda a vida pela frente, cheia de projetos e sonhos — disse o jovem com amargura, entre soluços.

— Você não é o primeiro, rapaz, e nem será o último. Coragem! Trata-se de conjunturas determinadas pelo ser superior, e aqui ordens não se discutem, simplesmente são executadas.

— Está bem, não me resta outro remédio senão aceitar isso de bom grado. E como deve começar meu treinamento? — perguntou João com forte curiosidade e como que pretendendo afastar da mente uma conjuntura tão amarga.

— Bem, rapaz, isso me agrada mais. As circunstâncias mandam, e a mudança de atitude diante delas é indispensável. Vou lhe ensinar como deve atacar o adversário. Eu o conheço bem. Estive observando-o, e vi como sua fúria de guerreiro aflorava perante uma das pessoas presentes em seu funeral.

— É verdade, senhor. Quer dizer que poderia me ensinar a combater contra meus inimigos?

— É claro, soldado, sempre e quando a causa for justa. Não imaginou que íamos usar fuzis e baionetas, não é? Já estou aqui há muitos anos para acreditar que as armas usadas no outro plano iam ser úteis nas condições atuais. Está entendendo? Você deve adaptar sua tática de acordo com o território em que se desenvolve. Esse é um princípio de pura lógica no exército.

— Como isso soa interessante, senhor. E em que ambiente se supõe que nos movimentamos?

— Boa pergunta, aprendiz. Nosso espaço é sutil, muito mais leve do que o outro lado, portanto, cheio de possibilidades para emboscadas ou artimanhas. Pode atravessar paredes ou portas, o que para eles é impossível. Nossa estrutura é diferente, ela tem outra composição, por isso é inútil pretender combater o inimigo com armas que não estão ao nosso alcance, mas sim com as ferramentas das quais dispomos.

— Meu general, e quais seriam essas ferramentas?

— *Fico satisfeito de ver seu interesse em conhecer formas de luta desconhecidas por você até agora. Vou lhe dizer uma coisa: a primazia aqui é para a astúcia.*

— *Astúcia? O senhor está falando de maldade?*

— *Não exatamente, rapaz. Queria dizer que suas atuações devem ser inteligentes.*

— *Bem, senhor, acho que aos poucos vou aprendendo. Em outras palavras, aqui a força bruta não serve para nada, como ocorreu quando tentei de toda maneira agredir meu ex--amigo Marcelo.*

— *Correto, rapaz. Já está captando o procedimento a empregar.*

— *Então, senhor, como teria podido atuar de modo inteligente no exemplo que acabo de comentar?* — perguntou João, com a clara pretensão de ser valorizado por sua intervenção.

— *Olhe, soldado, eles disparam balas ou lançam bombas, mas pense que aqui não dispomos de armas de fogo. No entanto, possuímos armas cujo poder de destruição é maior que o de projéteis.*

— *Acho que não entendi bem o que acabou de dizer, excelência. É preciso que o senhor seja mais explícito* — disse o jovem com muito interesse.

— *Está bem, não me importo de repetir as coisas. Faz parte de meu compromisso velar por sua correta instrução. O certo é que cada vez me sinto mais seguro de sua lealdade. Vejamos. O que você tem em comum com todos esses seres de carne e osso que se aglomeram diante de seu cadáver?*

— Pois, à primeira vista, o que mais se assemelha é o corpo. *Tenho braços, pernas, mãos, tronco e cabeça. Eles também.*

— *Está enganado, rapaz. Então a que se atribui o fato de você não ter conseguido empurrar seu amigo ou abraçar sua mãe?*

— *Bem, agora que penso nisso, o senhor tem toda a razão. Há algo que não se encaixa nessa história.*

João não atinava com o sentido daquilo tudo que estava absorvendo pelo diálogo com seu peculiar instrutor, mas a verdade é que suas emoções, embora lentamente, iam ficando mais positivas ao intuir que poderia extrair algum proveito daquela conversa.

— É verdade — continuou Gonçalves -, *que tanto eles como nós temos corpo, mas a semelhança entre um e outro está apenas na aparência. O corpo das pessoas que você observa ali se compõe de células que formam ossos e músculos aptos para seu desenvolvimento no mundo material, mas não são como o nosso.*

— Um momento, senhor — interrompeu o rapaz. — *Se meu organismo não é formado por isso que o senhor mencionou, então do que são feitos meus braços e pernas?*

— Ufa!, *boa pergunta, recruta* — respondeu o militar. — *Não poderia lhe dizer com plena exatidão o nome do elemento específico, mas para que você entenda lhe direi que se trata de energia.*

— *Energia? Claro, começo a entender* — exclamou o rapaz, como se uma luz tivesse se acendido em seu interior. — *Vejamos. Neles, essa energia se acha condensada e, em nós, menos concentrada. Essa é a razão pela qual, quando tento tocá-los, me escapam por entre os dedos, do mesmo modo como antes atravessei sem empecilho o corpo de Marcelo.*

Caramba! De repente me vieram à cabeça muitos conceitos de física e química que estudava no colégio.

— Bem, digamos que não se saiu nada mal em sua explicação. Se ela está bem para você, perfeito. Não vamos ficar remexendo a questão. Nem sequer um general como eu tem respostas para tudo. Você tem que se concentrar especialmente nos efeitos práticos que esse assunto sugere.

[5]

Exercendo influência sobre os encarnados

— *C*erto, senhor — respondeu João. — *Sobre essa questão, o mais prático seria saber como agir sobre eles.*

— *Sem dúvida, rapaz, mas para isso teríamos que voltar à pergunta de antes, ou seja, o que você tem em comum com esses seres?*

— *Bem, meu general, todos temos corpo, mas, embora haja diferença entre uns e outros, parece que existe um outro aspecto...*

— *Vou lhe dar alguma pista, garoto. Você começa a cair cada vez mais no meu gosto, diferentemente de horas atrás, quando parecia tão rebelde a minhas indicações. Como você chegou à conclusão de que a energia podia ser mais ou menos densa em uns ou em outros?*

— *Foi porque me ocorreu de repente... depois de ficar pensando nisso. Claro, já sei! É que ambos podemos pensar!*

— *Certamente, soldado. E tem mais. O que aconteceu anteriormente com você, ao ver seu ex-amigo abraçar sua mãe?*

— *Fiquei com muita raiva.*

— *E lhe pergunto: o que é raiva?*

— *Pois é uma emoção muito forte, excelência, como a alegria e a tristeza. Então, já estou entendendo, o denominador comum está no fato de que nós, mesmo não estando na mesma dimensão, podemos continuar usando a inteligência e experimentando sentimentos?*

— *Sua resposta é excelente. Em se tratando de uma primeira aula, sua nota é dez. Você está progredindo a toda a velocidade, recruta.*

— *Obrigado, senhor* — disse João, muito animado porque suas colocações, alentadas pela figura do militar, estavam levando-o a valiosas conclusões sobre o tema em questão. No entanto, o jovem continuava sem saber de que modo agir com relação aos habitantes do plano material.

— *Você comprovou que o ponto de encontro entre eles e nós reside na capacidade de pensar e sentir. Não é preciso ter disponível um suporte físico para apreciar essas sensações. Se o que você pretende é exercer algum tipo de influência sobre um desses seres que está vendo no final do corredor, terá necessariamente que agir sobre seus pensamentos.*

— *Certamente, senhor. Minha ignorância sobre esses assuntos pouco a pouco vai diminuindo. Essa é a chave: encontrar algum método para exercer influência sobre o que eles pensam ou sentem.*

— De fato é assim, rapaz, mas considere que o pensamento é sempre mais rápido. Ele antecede a tudo, é a força mais poderosa de todas as existentes no universo. Repare que ele é inclusive fundamental para as relações entre as pessoas.

— É verdade, senhor. Lembro-me de como, quando estava na vida física, pessoas habitualmente tristes ou deprimidas me contagiavam com seu estado de ânimo, e eu procurava evitá-las, enquanto me aproximava das mais alegres ou divertidas, de cuja presença desfrutava.

— Com certeza emitiam com seus pensamentos ondas negativas ou positivas, segundo o caso. Nós vibramos, seja qual for o espaço em que nos desenvolvemos. Uma vez que nos sentimos atraídos por afinidade, essas vibrações produzem determinadas ondas, e aquelas que se assemelham inevitavelmente se aproximam umas das outras. Em outras palavras, o semelhante atrai o semelhante.

— Entendo, senhor Eusébio. A verdade é que o senhor não deixa de me surpreender. Como conhece tanto sobre esses assuntos?

— Ora, rapaz. Não é qualquer um que pode chegar ao grau de general, não é mesmo? São muitos anos de experiência. Nem conseguiria contá-los. Você deve se lembrar de que, no combate, ser veterano equivale a um grau. Vi muitos casos parecidos com o seu, assim como situações ainda piores, e soube lidar com elas. Se um superior não sabe comandar os subordinados que lhe são designados, é porque ele não está preparado para essa difícil tarefa.

Curiosamente, à medida que passava o tempo e a troca de informações prosseguia, o relacionamento entre

Gonçalves e João ia pouco a pouco mudando. O que de início era apenas um tratamento distante, de alguém que confundia um rapaz debilitado e assustado, começava a se transformar lentamente, de modo inevitável, num vínculo de mais simpatia, de uma certa semelhança entre habitantes de um mesmo plano; às vezes dava a impressão de que um necessitava do outro. Era estranho, mas havia uma sensação de proximidade que parecia ir crescendo à medida que o vínculo formado pelas palavras se intensificava. O cinquentão continuava mandando, no seu estilo, como se pretendesse controlar a situação por meio do adestramento do rapaz. E João se sentia cada vez mais à vontade na presença do militar, pois as primeiras conversas, nas quais abundavam o insulto e a humilhação, assim como os maus-tratos psicológicos, estavam desaparecendo paulatinamente. Além disso, o rapaz tinha um apetite voraz pela aquisição de conhecimentos a fim de se desenvolver melhor numa dimensão que lhe era desconhecida. A isso se juntava o ardoroso desejo de interagir com a mãe para consolá-la, mas também a intenção, não dissimulada, de fustigar Marcelo. Agora que já não podia falar com eles diretamente, desejava com todas as suas forças decifrar o código correto para se aproximar o mais carinhosamente possível de Zilda ou para transmitir todo o seu desprezo pelo antigo colega de colégio.

— *Em resumo, meu general* — perguntou o jovem —, *se eu quiser me comunicar concretamente com alguma dessas* pessoas presentes em meu funeral, como poderia fazer isso? Preciso dominar a técnica.

— É claro que o entendo, rapaz. Mas, por mais que você se empenhe, não será fácil. Você vai ter que treinar. O combate é assim, e um bom soldado não deve entrar na batalha sem antes ter sido adequadamente preparado.

— Tudo bem, concordo com esse conceito. Mas, por favor, vamos continuar — expressou-se com nervosismo o rapaz.

— Bem, vou lhe dizer algo. Imagine alguém indo na sua direção com uma arma de fogo nas mãos. Você acha que poderia enfrentá-lo com os punhos?

— Isso seria um completo absurdo, uma total desigualdade. Inclusive, antes que me tivesse lançado sobre ele, já teria sido crivado de balas.

— Boa conclusão, rapaz. E aonde isso nos leva? Muito simples. Se você pretende exercer algum tipo de influência sobre as pessoas que vivem em seu antigo mundo, terá de usar armas semelhantes às deles. Um soco dado na dimensão física causa dano em quem o recebe, mas não vai funcionar se tiver sido aplicado por você em seu estado atual.

— Com certeza! Agora entendo por que antes meus golpes não causaram nenhum efeito sobre Marcelo, nem meus abraços foram percebidos por minha mãe.

— Exatamente. Você próprio está se dando conta de qual é o procedimento. Insisto na pergunta que lhe fiz antes. Lembra-se do que você tinha em comum com as pessoas de carne e osso?

— Claro, meu general. Compartilho com eles as emoções e os pensamentos — respondeu João com plena convicção.

— Portanto, para agir sobre as pessoas você terá de fazer isso a partir de sua mente pensante ou de seus sentimentos ou, simultaneamente, de ambos. Em outras palavras, e aplicado ao seu caso, por mais que você queira, pode ficar horas e horas socando seu antigo amigo que não vai conseguir nada, a não ser se esgotar.

— Mas, senhor Eusébio, se não tenho corpo, como é possível que me canse?

— Porque não estou falando de um cansaço físico associado a um organismo, mas sim psíquico, correspondente a um espírito como você. No plano material acontece a mesma coisa. Na guerra, o soldado não se fatiga só fisicamente, mas, além disso, sofre um desgaste psicológico no que toca a seu pensamento. Essas pessoas que estão ao redor de seu caixão podem esgotar seus músculos depois de um prolongado esforço, mas tanto você quanto eu podemos nos sentir exaustos diante de determinadas situações que nos afetam.

— Que circunstâncias, senhor?

— Por exemplo, essa que você está vivendo já há algumas horas. Desconhecer que você mudou de cenário, embora continue sendo a mesma pessoa; ter a pretensão de existir exatamente como era antes, ou experimentar, de um modo dramático e extremo, tanto o afeto quanto o ódio; tudo isso cansa o espírito.

— Sim, entendo isso, mas não consigo evitá-lo. Meu general, não é fácil admitir que uma estupidez como a que me ocorreu me levou a abandonar meu antigo lar e a renunciar de súbito tantos sonhos e projetos.

— É, rapaz, reconheço que você tem razão no que está dizendo. Contudo, são passos num processo necessário que irá *se desenvolver. Garanto-lhe que já vi casos piores que o seu, por exemplo, soldados vagueando por muitos anos, apegados a recordações íntimas e mergulhados na mais absoluta desesperança. Eles mesmos se grudavam como craca aos seres com os quais haviam compartilhado a existência, mas tão somente arrastados pelo peso de sua memória, sem nenhum ânimo construtivo e, sobretudo, sem abrigar o menor desejo de reconhecer sua nova conjuntura. Nessa situação já não podiam aplicar seus antigos parâmetros por serem já inúteis no novo contexto no qual se desenvolviam. Dito de outro modo, estavam derrotados antes mesmo de enfrentar a batalha. Por acaso você se encontra entre estes últimos?*

— Não sei, senhor, espero que não. Nunca fui uma pessoa que gostasse de desperdiçar tempo. Para ser sincero, tenho que lhe agradecer muito por tê-lo encontrado. Graças a esse fato estou começando a ver com mais clareza alguns conceitos que, na verdade, se estivesse sozinho, não teria sido capaz de perceber. Pelo menos já sei que permaneço "vivo", ainda que num estado diferente daquele de horas atrás.

— Fico satisfeito por você, recruta, mas isso é só o começo. Para aprender, foi preciso que antes admitisse sua condição de pessoa inexperiente.

— Meu general, neste momento só duas coisas me preocupam. Por um lado, vingar-me de quem foi o culpado direto de minha tremenda desgraça, do fato de me encontrar neste lamentável estado, aquele que se atreveu a roubar de mim um porvir afetivo ao sequestrar o pensamento de minha querida Elisa.

— O despeito é um mau assunto — disse o militar. — Um combatente não deve se deixar levar pelas paixões, ou

correrá o risco de ser arrastado por seus impulsos, o que acabará reduzindo a eficácia de suas atuações.

— Para mim isso é indiferente. Não posso deixar que Marcelo escape sem represálias de minha parte. Daqui, e com o senhor como testemunha, acuso-o de dois delitos, um mais atroz que o outro. Primeiro, traição, ao conquistar minha garota às minhas costas, e com más intenções, e ter-se aproveitado de nossa sincera amizade em comum para arrancá-la de meus braços. Que estranha bruxaria teria usado para enfeitiçá-la, aquele miserável! Segundo, acuso-o de ser o causador direto de minha morte. Assassino! Não fosse pelo rapto de Elisa, eu não teria me sentido na obrigação de vigiá-los, não os teria perseguido e, como o senhor já sabe, excelência, não teria acontecido o acidente absurdo devido ao qual acabei aqui, numa idade em que se está pronto para começar a saborear o mundo, de se abrir para ele, de desfrutá-lo. Não acha que esses são argumentos suficientes para que reclame o direito de me vingar?

— Bem, rapaz, admito a tragédia de seu desaparecimento físico, mas vou lhe dar um conselho: não é bom se deixar levar pelas emoções desse modo como está ocorrendo com você. Geralmente esse tipo de fenômeno acaba perturbando tanto a razão quanto o conhecimento, e isso não leva a nada de bom. É bem possível que isso venha a exacerbar em você a radicalidade, e acredite no que lhe digo por experiência: os extremos não lhe convêm.

— Senhor, com todo o respeito, tenho claros meus objetivos mais imediatos, embora ao senhor possam não parecer totalmente razoáveis. Por outro lado, há outra missão que tenho que cumprir e que é tão importante como a anterior.

— E é possível saber de que se trata? — perguntou Gonçalves como que cedendo à iniciativa do discurso ao rapaz.

— Sim, certamente. Tenho que entrar em contato por todos os meios com minha mãe para falar com ela sobre minha situação. Deixar de fazer isso equivaleria à pior das crueldades. E eu seria um desalmado se não tentasse consolá-la, se não quisesse contar-lhe o que realmente aconteceu com seu filho caçula. Peço-lhe, por favor, que me indique o método que devo seguir para atingir meus dois objetivos prioritários.

— Bem, vou ajudá-lo, mas lhe digo uma coisa. Vou lhe ensinar várias formas de "lidar" com eles, mas a responsabilidade por aquilo que fizer com essa aprendizagem será inteiramente sua.

— Responsabilidade? — perguntou o rapaz com ar de surpresa.

— Sim, em nossa dimensão existem aspectos que não são bons nem maus em si mesmos, mas dependem da intenção com que são aplicados. Em outros termos, conhecer é essencial, mas mais importante ainda é o objetivo com que se usa esse conhecimento. Se você aprender a se comunicar com os seres de "carne", será seu o compromisso sobre o que vier a fazer com esses contatos.

— Está bem, excelência, isso não me importa. Já sou suficientemente adulto para saber o que estou fazendo. Assumo as consequências de meus atos, mas preciso pôr essas ações em prática com urgência.

— Concordo, soldado. Por onde você quer que comecemos? Para que tarefa quer ser treinado em primeiro lugar?

— *Sem nenhuma dúvida, a primeira coisa que quero fazer é me vingar. É um sentimento que carrego em minhas entranhas. Não consigo suportar nem um minuto mais essa sensação de injustiça que tenho no íntimo. Quero dar uma lição a Marcelo, que ele saiba da minha indignação, que sofra pelo menos uma mínima parte do que me coube padecer. Não sei se me expliquei com clareza.*

— *Entendi perfeitamente, rapaz. Se estiver pronto, podemos começar. Está?*

— *Inteiramente* — assentiu João com plena convicção.

— *Bem, então teremos que nos deslocar para um lugar adequado a fim de que possa compreender melhor certos detalhes. Siga-me.*

[6]

Aprendizagem no prostíbulo

Os dois homens se afastaram daquele lúgubre necrotério, onde parentes e amigos davam o último adeus ao nosso personagem, e se encaminharam rua acima a um cenário totalmente diferente. O jovem, ao lado do militar, estava intrigado com o local para onde se dirigiam, além de ansioso para conhecer a tática mais apropriada que lhe permitisse alcançar seus objetivos de se comunicar com aqueles seres que viviam na dimensão carnal. Depois de um bom tempo, já de madrugada, chegaram a uma das avenidas que atravessavam a cidade. Pararam em frente a um local, cuja entrada exibia um anúncio luminoso intermitente nas cores verde e vermelho, em forma de um grande coração, no qual se lia "Contact". Antes que entrassem lá, Gonçalves advertiu o rapaz:

— *Você deve seguir ao pé da letra minhas instruções. Esta é uma zona perigosa na qual convém ser cauteloso. Mantenha os olhos bem abertos. Não faça nada, não tente influenciar nem falar com as pessoas que você vai ver. Pode ser que assim não percebam sua presença, já que continuarão tratando de seus assuntos. Mas se você tentar intervir terá que enfrentá-los, e lhe garanto que isso não será agradável. Você me entendeu?*

— *Está bem, o senhor está no comando da operação. Vou me limitar a cumprir suas ordens.*

Entraram no estabelecimento devagar, embora um tanto inquietos em relação ao que pudesse acontecer, especialmente João, que desconhecia a natureza daquilo que iria encontrar. Observaram uma certa neblina à medida que avançavam pelo corredor central. Entraram então num recinto, cujas dimensões destoavam da modesta entrada que o antecedia. Apesar da parca iluminação, nossos dois personagens conseguiam ter uma boa visão daquele antro. À frente, havia uma espécie de bar, um balcão semicircular com bancos altos, de aspecto confortável, onde a clientela podia pedir o que quisesse. Uma variedade de bebidas era consumida pelos homens ali sentados. De ambos os lados do bar viam-se várias divisórias, com paredes em forma de curva, que permitiam às pessoas desfrutar de intimidade, acomodadas em confortáveis sofás junto a pequenas mesas de apoio. Os clientes, exclusivamente masculinos, eram atendidos por garçonetes.

Bem atrás de cada sofá, uma campainha instalada na parede permitia que o ocupante do reservado, sem ter que usar a voz, chamasse uma atendente para lhe servir um drinque ou providenciar o serviço de uma das jovens que trabalhavam no local. Além do espaço destinado ao público, havia espaços reservados nos quais os usuários podiam desfrutar, já em total privacidade, de qualquer dos serviços que a Contact colocava à disposição de sua clientela.

— *Mas, senhor Eusébio* — disse João —, *não estou me sentindo confortável aqui. O senhor me trouxe a um bordel para me ensinar a arte de entrar em contato como os "vivos"?*

— *Exatamente, não por se tratar de um prostíbulo, mas simplesmente por estarmos em um dos locais onde se faz sentir com mais força a influência dos desencarnados sobre os encarnados.*

— *Desencarnados?*

— *Na verdade, jovem, refiro-me àqueles seres que, como você e eu, já não pertencem ao mundo material. Mas, psiu..., fique calado e observe.*

Um homem de uns quarenta anos entrava naquele momento no local. No mesmo instante, uma mulher de meia-idade, elegantemente vestida, deu-lhe as boas-vindas, dizendo: "Boa noite, senhor Antônio, o de sempre?". O sujeito sequer moveu os lábios, fazendo apenas um "sim" com uma inclinação de cabeça enquanto sorria para a mulher.

— *Que mal-educada!* — exclamou João. — *Nem sequer se dignou a cumprimentar a pessoa que o acompanha.*

— *Era aí que eu queria chegar, rapaz. Não sei se você observou, mas seu amigo, ou seja lá quem for, tem um aspecto diferente. Não vê que se trata de um espírito, como nós?*

— *Ora! Pois é verdade. É que com essa névoa tão estranha... Mas, sim, é verdade. Caminha de um modo estranho, como se suas pernas estivessem em descompasso com o andar, além do que sua silhueta é menos densa que a do sujeito que entrou primeiro.*

— *Isso mesmo, rapaz. Vamos ficar aqui. Estamos bem localizados para poder observar, mas sem incomodar as outras entidades presentes. Não devemos nos aproximar muito para não nos delatar.*

João permaneceu em silêncio e intrigado. Sua grande curiosidade e necessidade de aprender eram mais fortes que seu nervosismo e desagrado diante da situação que tinha diante dos olhos. O novo cliente se acomodou num dos sofás do salão, mais precisamente no de número 4. Seu acompanhante optou por permanecer de pé, mas bem perto dele. Poucos segundos depois, uma mulher um pouco mais velha que a que o havia recebido, foi até a mesa onde estava o homem chamado Antônio para lhe perguntar sobre sua preferência naquela noite, enquanto lhe servia um coquetel, que devia ser sua bebida habitual. Embora o cliente tivesse demonstrado alguma dúvida, seu acompanhante num movimento fulgurante, inclinou-se até sua orelha e lançou claramente: "Domênica". O tal senhor, como se fosse um mero receptor de ordens, pronunciou em seguida o mesmo nome, acatando no mesmo instante a sugestão que sussurrara em seu ouvido o desencarnado.

Não muito tempo depois, uma formosa jovem negra, alta, se apresentou ali e, fazendo uso de seu melhor sorriso, se dispôs a fazer companhia a seu cliente. Enquanto isso, seu cúmplice da outra dimensão permanecia inativo e atento. À medida que o casal ia se deixando levar pelos efeitos euforizantes do álcool e as sensações luxuriantes se intensificavam, o espírito também se comprazia. Quando o casal parecia ter chegado ao fim daquela volúpia, o desencarnado, tenso, disse ao ouvido de Antônio: "Vamos, leve-a para o reservado". Prontamente, os dois se levantaram e saíram por uma porta em direção a um quarto nos fundos. Naquele momento, a entidade que havia permanecido entre eles, ora se roçando na garota ora se divertindo com a conversa dos dois, também se dirigiu com o casal para o reservado.

— *Bem, recruta, vamos sair e tomar um "ar", porque aqui o ambiente não poderia estar mais viciado; porém, antes de sairmos, quero que preste atenção numa coisa. Olhe atentamente para os clientes deste local, procurando detectar as diferenças entre uns e outros.*

— *O senhor tem razão, excelência* — afirmou com assombro o jovem. — *Estava tão envolvido com o casal que não reparei na multidão de desencarnados espalhados por ali. Se movem à vontade, de um lugar a outro, de uma pessoa a outra. Mas o que é aquilo? Briga, briga, briga!...*

Na verdade, um senhor de cerca de cinquenta anos sentado no balcão semicircular era escoltado por duas entidades que discutiam. Enquanto uma delas se empenhava em fazer que o homem pedisse nova dose, a outra se empenhava em convencê-lo a pedir o quanto antes a atenção de uma das garotas do local. A disputa foi se intensificando, até chegar ao ponto em que os dois espíritos começaram a gritar; e, de repente, um deles abriu a boca desmesuradamente, assemelhando-se a uma figura monstruosa, cheia de dentes afiados e amontoados, e ameaçou morder o outro no pescoço. Assustado com o gesto da criatura com quem entrara em disputa, o outro fugiu apressado, retirando-se do balcão. Finalmente, o encarnado, ignorando a batalha desencadeada junto a seus ombros, continuou sentado ali no balcão e pediu outra bebida, enquanto ouvia os conselhos da entidade vitoriosa.

Ainda tomado pela forte impressão que lhe causara a disputa, João saiu daquele antro com o militar, e ambos sentiram-se aliviados da pesada carga à qual haviam sido submetidos ao permanecer "respirando" naquele ambiente contaminado.

— *Que lugar!* — exclamou o rapaz já meio recuperado.

— *E pensar que na cidade deve haver centenas iguais a este!*

— *Ou milhares* — respondeu o general com firmeza.

— *Nesta cidade vive muita gente, e esse tipo de lugar prolifera onde existe grande contingente de almas. Não se esqueça do que estudamos: as vibrações semelhantes se atraem até formar grandes cadeias de elos que não são senão as contínuas interações que se estabelecem entre encarnados e desencarnados. É assim que funciona. Mas vamos à prática. Considere que você* está na metade de um processo de aprendizagem. Vamos, diga a seu supervisor que conclusões tirou dessa agitada visita.

— Bem, excelência, a primeira coisa em que pensei foi que esse tipo de local não é muito recomendável para mim. Estive o tempo todo muito nervoso e, na verdade, o que vi foi bastante desagradável. Em minha vida física, sabia da existência desses lugares, porque amigos de mais idade me haviam falado a respeito do que se passa aqui. Mas a grande surpresa para mim foi notar a presença de tantas entidades no local. Em minha opinião, creio que havia mais espíritos que pessoas de carne e osso. Como isso se explica?

— É muito simples, rapaz. Todos esses desencarnados que você viu circulando, se divertindo, observando e até brigando, vivem aqui porque se sentem muito bem nesse tipo de ambiente. Apenas se entregam a seus instintos, se deixam levar por eles ou, dito de outra maneira, continuam fazendo o que de hábito faziam em vida, mas agora sem veículo físico. O alcoolizado vai a seus locais favoritos, o libidinoso aos prostíbulos e o sociopata aos bairros onde abundam a delinquência e as drogas. Mas leve em conta que, mesmo que agora não possuam um corpo, eles conservam plenamente toda a sua capacidade de pensar e experimentar impressões como a lascívia ou a dependência de substâncias tóxicas, como você comprovou aqui esta noite.

— Mas, senhor Eusébio, para mim isso é um pouco absurdo. Se eles já não podem beber ou manter relações sexuais, para que vêm aqui?

— Simplesmente porque se divertem com as sensações. Ao observar como os outros consomem álcool à saciedade ou fornicam nos reservados, acabam desfrutando como se eles próprios fossem os atores principais do espetáculo. O fato de não possuírem órgãos físicos não os impede, por exemplo, de se regozijar com os vapores emitidos pelos bêbados ou com as emanações produzidas pelo sexo.

— É curioso — respondeu o rapaz. — *Parece natural que haja seres que não conseguem deixar de fazer o que normalmente faziam antes.*

— *Pois é assim. Não estranhe. É o mesmo que aconteceu com você. Não se lembra? Durante as horas que se seguiram ao acidente, você seguiu adiante com sua rotina habitual. Inclusive, lembre-se de que sentiu raiva de Marcelo, um sentimento que já existia desde que se deu conta de que ele havia levado Elisa de você. Mas isso é normal, você estava confuso, não tinha consciência do que havia se passado. Para sorte sua, eu apareci para clarear suas ideias e explicar a realidade de sua nova situação.*

— É verdade — confirmou João, em tom irônico. — *Lembro-me tanto disso quanto de outra coisa: dos insultos e constrangimentos com que me recebeu, excelência.*

— *Bem, soldado, agora que já estamos há algum tempo juntos, diria que até já lhe tenho carinho. Você é um aluno receptivo e atento a minhas instruções. Enfim, peço-lhe desculpas por aqueles primeiros momentos. Agora sem rancores, rapaz! Aquilo tudo faz parte do protocolo de boas-vindas. É a rotina. É melhor receber os novatos assim, com certa rudeza no início, para depois irem se acostumando a circunstâncias um pouco mais suaves.*

— Desculpas aceitas, meu general. Mas há algo que não entendo. Há por acaso outros espíritos que não tiveram oportunidade de ser recebidos por uma pessoa como o senhor?

— Boa pergunta, rapaz. A verdade é que não sei, já tenho trabalho suficiente com você. Vou lhe dizer uma coisa. Conheci outros instrutores, mas nenhum tão bom quanto eu. E isso não é verdade? Ah, ah, ah! Mas vamos voltar ao tema principal. Apesar do que você já pôde ver, eles não perdem jamais sua capacidade para decidir. Vou explicar: há muitos seres como esses que você observou aí dentro, que optam livremente por continuar fazendo o que faziam, perpetuando-se numa espécie de espiral interminável. Em qualquer caso, conservam seu livre-arbítrio, e nada os obriga a isso.

— Mas senhor, eles continuam assim por muito tempo? Não há nenhuma possibilidade de escapar desse ciclo repetitivo?

— Claro que sim, mas estão tão apegados a seus antigos hábitos que persistem do jeito que estão. Não obstante, há um aspecto fundamental nessa questão. Quer saber qual? O excesso. Chega um momento em que até a entidade mais perturbada, a mais apegada a esse tipo de rituais se cansa, se aborrece, e o desespero é tanto que, depois de infinitas jornadas fazendo sempre a mesma coisa, acaba pedindo ajuda a outros seres como eu, que não se importam de dar as boas-vindas e explicar com todo o "carinho" a nova conjuntura a que terá que se adaptar.

— Ah!, agora entendo. Mas deve ser muito triste para eles permanecer num quadro tão obsessivo.

— Certamente. Mas acontece que nesse período sua consciência está perturbada, não consegue avaliar com nitidez essas circunstâncias, é fácil se acomodar, ou seja, permanecer repetindo os velhos hábitos. Olhe, João, as pessoas que você viu nesse local já se entregavam à bebida e ao excesso sexual em vida, por isso é muito comum que voltem a cair em antigos hábitos, mantidos durante anos e anos. Como agora já não têm corpo material a que satisfazer, dedicam-se a agradar seu espírito, que como você bem sabe, é capaz de pensar e se emocionar.

— Sim, me lembro. E aonde isso nos leva?

— Pois nos leva à lição que eu pretendia lhe ensinar. Ou seja, mostrar a você como funcionam muitas relações entre os encarnados e os espíritos.

— Claro, estou entendendo, o senhor me trouxe aqui para me dizer que método deverei usar para me vingar de Marcelo.

— Novamente devo lhe dizer que declino de toda responsabilidade nisso, rapaz. Eu lhe ensinei uma via para fazer contato, mas o que vier a fazer com esse ensinamento é coisa sua.

— Sim, certamente.

— Então pense. Se o que você pretende é se relacionar com seu antigo amigo, aqui está um meio bastante seguro de se comunicar com ele.

— Está me dizendo que devo esperar que Marcelo vá a um lugar como esse para entrar em contato com ele?

— Você não entendeu nada, recruta. Não acredito que ele frequente esse tipo de lugar. Sabe de uma coisa? Pela experiência que já acumulei, digo-lhe que não observei nesse rapaz vibrações más ou negativas.

— Ah, não? Então como se explica o que houve? Sua traição com Elisa me levou a tal obsessão que até acabei per-

dendo a vida de um modo absurdo. Há algo que justifique um procedimento tão mesquinho?

— Bem, não pretendo me intrometer, soldado, mas talvez você esteja se equivocando na interpretação dos fatos e desviando as coisas de seu contexto.

— Mas o que o senhor sabe de nossa história comum, de nosso passado? Por acaso pretende apoiar o modo de agir dele?

[7]

Planos para uma terrível vingança

—*O*lhe, João, não quero me imiscuir em assuntos *alheios à minha jurisdição. Em todo caso, o único aspecto que me preocupa a respeito de seu antigo colega é que ele tem certa tendência a beber além da conta. Na verdade, não faz isso de modo regular, mas para ele basta uma simples festa, mesmo pequena, qualquer tipo de comemoração, para ingerir muito mais álcool do que seria recomendável.*

— Realmente, isso é verdade. Ele sempre foi um bom amante das diversões e, por menor que fosse a farra, o copo parecia atrair suas mãos. Mas, meu general, não entendi o que isso tem a ver com o prostíbulo.

— Já vou lhe explicar, rapaz. Esses espíritos que você viu lá dentro, tão aplicados em sua tarefa de absorver os vapores do álcool ou os eflúvios sexuais de suas acompanhantes, se saem bem fazendo isso e vão a esses lugares porque lhes abrem uma porta.

— Uma porta?

— Isso, um flanco aberto por onde entram. O que dissemos antes? Os desencarnados, para se comunicar com os seres de carne, precisam contar com uma entrada livre que lhes permita esse contato.

— Estou entendendo, senhor Eusébio. Eu mesmo comprovei isso quando observei a entidade que estava junto daquele sujeito que chamavam de Antônio. Era o espírito que instruía ao homem o que ele tinha que fazer, inclusive que garota escolher.

— É verdade, e, se você se lembra, houve inclusive uma disputa entre desencarnados para assumir o controle e ver qual deles exercia mais influência sobre um dos clientes que bebia no balcão.

— Um momento, senhor, creio que já estou começando a ligar os argumentos — disse João. — Começo a vislumbrar como vou proceder em minha futura atuação, e parece que já sei exatamente o que tenho de fazer. Darei um jeito de aproveitar um desses momentos em que Marcelo esteja sob os efeitos do álcool para estabelecer contato com ele e lhe dizer na cara tudo o que desejo. Essa será uma ocasião favorável para que ele me escute. Quero que se sinta tão mal quanto eu, que passe pela mesma coisa que estou passando, que experimente meu pesar e minha raiva, que...

— Alto lá, rapaz — disse o militar em tom convincente. — Já lhe disse que não é bom se deixar levar por paixões tão extremas. Reflita, rapaz, o que você vai conseguir fazendo que ele se sinta tão angustiado? Aonde pretende chegar?

— Falando sinceramente, para mim tanto faz. O prazer da vingança é um prato de bom gosto e agora mesmo é o que mais desejo.

— Bem, lá vem você — disse o militar. — Não sou eu que vou participar de seu plano malicioso. Insisto naquilo que lhe ensinei no início: na arte do combate não é recomendável deixar-se arrastar pelas emoções. É preciso manter a calma e a mente fria.

— Isso não me importa agora. A prioridade para mim é ter a possibilidade de exercer o direito de desforra que todo mundo, cedo ou tarde, consegue.

— Está bem, mas leve em conta — observou Gonçalves — que tudo o que semear, mais tarde produzirá o fruto correspondente. Nesse sentido, não há diferenças entre o plano físico e o espiritual. Trata-se de uma lei antiga que sempre, e em todas as circunstâncias, funciona. Ao menos precisa saber disso. Por isso não vou acompanhá-lo em sua missão. Apenas se lembre de que frutos doces nunca brotaram de sementes amargas.

— Já sei aonde o senhor quer chegar. Mas ninguém vai me tirar o maravilhoso deleite da revanche. Sabe o que vou fazer? Vou perseguir Marcelo nem que tenha que ir até o fim do mundo, vou segui-lo, até que chegue o momento em que ele comece a abusar da bebida. Cedo ou tarde surgirá a ocasião apropriada. Além disso, sei onde ele vive, já estive em sua casa muitas vezes no passado. Quando estiver bêbado, será o momento propício para atiçá-lo, como fazem aqueles espíritos nos cabarés e prostíbulos. Vou importuná-lo à exaustão e acertarei dívidas pendentes com ele. Depois disso, sua vida já não será a mesma, já que ele saberá da verdade sobre todo esse assunto que me custou tão caro.

— *Entendo* — disse pesaroso o general. — *Trata-se de sua liberdade e decisão. Só pretendia deixar claro que cada ação praticada por você é seguida de uma reação equivalente. Mas creio que é inútil tentar dissuadi-lo de seus propósitos. Vejo-o tão ofuscado que não serei eu que o impedirei de fazer o que quiser. Espero que ao menos você extraia uma boa lição de tudo isso que anseia realizar.*

— *Vou-me embora, senhor Eusébio. Obrigado por tudo o que me ensinou. Agora disponho de uma excelente oportunidade para aplicar esses conhecimentos que aprendi por seu intermédio. Voltaremos a nos ver futuramente. Então lhe contarei tudo. Adeus!*

— *Seja prudente, rapaz* — disse o militar com um triste pressentimento. — *Sabemos como essas coisas começam, mas não como acabam.*

Despediram-se rapidamente, de modo amigável, embora o rosto do general não demonstrasse exatamente entusiasmo ou alegria; sequer se ouviram suas típicas gargalhadas, como em outras ocasiões, quando conheceu seu novo "recruta". Em plena madrugada, João se preparou para percorrer o longo trecho que separava aquele lugar, junto ao Contact, da casa de Marcelo. Tinha todo o tempo do mundo e não pensava em outra coisa, senão se preparar para aquilo que mais desejava fazer: encontrar o momento apropriado para "reatar" a relação com seu ex-amigo.

Depois de algumas horas, chegou ao amplo portal que servia de entrada ao condomínio onde se localizava a casa da família do antigo companheiro. Uma onda de emoções tomou conta de seu pensamento ao recordar tantas situações vividas, há tão pouco tempo, naquele cenário tão bem cuidado, cheio de plantas em volta. As lembranças choviam em sua mente, mas em vez de ajudá-lo a mitigar seu anseio de vingança, serviram mais para que ele reforçasse suas sinistras intenções de castigar sua vítima.

Atravessou a grande porta de ferro e de vidro da entrada do condomínio e sentou-se, esperando novidades e pensando no que poderia acontecer. Colocou a cabeça entre os joelhos e permaneceu como que em estado de letargia.

Ao voltar a si, não tinha a menor ideia de quanto tempo se passara. Teriam sido horas, dias ou talvez semanas? Mais que isso? Jamais o soube. Para acabar com a incerteza que imediatamente o dominava, saiu para a rua e, olhando para o céu, pela posição do Sol, conseguiu calcular mais ou menos que hora seria. *"Deve ser o meio da tarde, mas de que data?"*, João disse a si mesmo, preocupado. Censurou a si mesmo pela distração, lamentando muito o fato de não ter ficado mais atento aos acontecimentos. Sentindo-se bastante perplexo e desorientado a respeito do que teria ocorrido durante sua ausência, decidiu subir diretamente ao apartamento de Marcelo para investigar por si mesmo os últimos movimentos do antigo companheiro de andanças.

Devia haver alguém no andar, porque se ouviam passos e conversas entre os moradores. Nosso protagonista se dispôs a entrar pela porta mesmo, valendo-se de sua invisibilidade, mas qual não foi sua surpresa quando, ao se aproximar, foi como que empurrado para trás por uma força desconhecida. *"Mas que estranho!"*, murmurou o rapaz. De novo tentou entrar e outra vez sentiu como se uma insólita resistência o empurrasse para o corredor do andar em que estava.

"O que houve? Será possível que minha substância espiritual não pode atravessar a madeira?", perguntou-se o rapaz. *"Bem, tanto faz, já passei antes por paredes, então entrarei pela porta."*

Tentou então passar, mas aconteceu a mesma coisa. Era como se tivesse ido de encontro a uma superfície de borracha e ela o atirasse para fora. Afastando-se e tomando distância, com a firme intenção de entrar no apartamento de qualquer jeito, reuniu todas as forças para conseguir um impulso maior e lançar-se a toda a velocidade contra o obstáculo. Dessa vez, foi repelido com força ainda maior. Caído no chão e decepcionado, permaneceu ali mergulhado em indagações, desconhecendo completamente a razão por que não conseguia entrar naquele lugar. Chegou inclusive a ficar irritado com seu instrutor militar, o general Gonçalves, por não ter-lhe dito que havia zonas nas quais seres como ele não podiam atravessar. Por fim, não encontrando resposta para seu dilema, desceu à espera dos acontecimentos.

Depois de algumas horas, mais aborrecido do que nunca, ouviu barulho de chaves abrindo o enorme portão do *hall*. Então, olhando para cima, João agradeceu a não se sabe quem. Era o próprio Marcelo. Embora sua imediata reação fosse empurrá-lo, pela negatividade que se apoderou dele, acabou desistindo ao se lembrar do que acontecera no necrotério. Além do mais, agora contava com a vantagem de poder agir de modo inteligente, sabendo como podia penetrar em sua mente. Tinha que ser mais esperto e ir devagar, esperando o momento exato para passar ao ataque. Observando Marcelo e avaliando o volume de sua mochila, deu-se conta de que devia ser sexta-feira, pois nesse dia a maioria dos estudantes levava para casa livros e anotações para fazer os deveres no fim de semana.

"Deus meu!", exclamou João consigo. *"Como gostaria de ainda estar assistindo às aulas no colégio e ver Elisa mais de perto. Mas agora, pensando bem, tenho que admitir que essa questão afetiva estava me trazendo mais dores de cabeça que o próprio estudo."*

Ao se lembrar de que não havia conseguido entrar no apartamento do amigo, resolveu esperar seus próximos movimentos na entrada do prédio. Decidiu então sair dali e dar um pequeno passeio por aquelas ruas que lhe traziam tantas imagens de sua existência física. No entanto, o intenso tráfego de veículos e o barulho dos motores e buzinas trouxeram-lhe lembranças muito ruins ao ligá-los imediatamente ao seu acidente mortal. Por isso, depois de alguns minutos de caminhada, resolveu voltar para o prédio.

No dia seguinte, arquitetou o plano perfeito para quando estivesse a sós com o ex-amigo. Tantas horas de solidão ali esperando lhe permitiram maquinar o tipo de frases e mensagens que usaria com aquele a quem atribuía todas as suas desgraças. Um pouco antes do crepúsculo que anunciava o anoitecer de sábado, Marcelo fechou a porta do apartamento. Bem-arrumado e impecavelmente vestido, encaminhou-se para a saída do prédio. Após percorrer uma distância de uns quinhentos metros, tomou um ônibus que o levaria a seu destino. Nosso personagem o seguia, sem perdê-lo de vista, algo que, curiosamente, já vinha fazendo em seus últimos dias no plano terreno, quando tentava comprovar o relacionamento de Marcelo com Elisa. Mas agora seria diferente, pois achava que o resultado final dessa aventura compensaria tão longa espera e que sua vingança seria perfeita.

Passado um tempo, o ônibus chegou a uma grande praça, e foi lá que o rapaz desceu, seguido por João, e caminhou até um grande portão que dava acesso a um local bem amplo, uma espécie de barracão, onde tocava música. Aos poucos, diversos jovens começaram a se reunir naquela entrada. Nosso personagem continuava ali de pé, escondido atrás de uma grande árvore, pois, mesmo sabendo que não podia ser visto, preferia resguardar-se e esperar. Com o passar do tempo, vários outros jovens, de ambos os sexos e mesma faixa etária, foram se reunindo no local para participar de uma festa programada algumas semanas antes.

De repente, um táxi parou nas imediações e dele desceu uma bela jovem, lindamente vestida, que não era outra senão Elisa. Quando João viu aquela figura feminina à qual continuava profundamente ligado pelas emoções e lembranças, sentiu um nó na garganta e seus olhos se encheram de lágrimas. Continuava sentindo forte apego àquela criatura que a seus olhos se mostrava ainda mais atraente. Uma profunda tristeza tomou de assalto sua mente, atingida tanto pela impotência de já não pertencer ao mundo carnal quanto pela impossibilidade de fazer alguma coisa para remediar situação tão difícil. Quando se recuperou do impacto sofrido, percebeu o modo como ela olhava para Marcelo, que a esperava à porta, viu como eles foram se aproximando, até se estreitarem num cálido abraço e desfrutarem de um doce beijo.

Com o olhar fixo na cena, o jovem permaneceu ali, angustiado por não ser capaz de agir e não estar em suas mãos desatar o que se unira no plano físico. Por mais que pensasse e se concentrasse nisso, não conseguia atrair a atenção de Elisa e tampouco podia separar os dois corpos do aconchego em sua paixão juvenil. A amargura que sentia dilacerava-o como uma adaga afiada e lhe partia o coração diante daquela cena, que não conseguia deixar de olhar. Sua raiva por não querer aceitar o que se passava diante de suas pupilas era tão evidente quanto o carinho a que seus antigos amigos se entregavam. Para João, era duplamente cruel o castigo a que estava submetido, pois, por um lado percebia que a jovem estava profundamente apaixonada pelo ex-amigo, enquanto por outro se desesperava porque tinha consciência de que, em sua situação atual, pouco ou nada podia fazer para desfazer aquele vínculo tão apaixonado que se apresentava diante dele.

[8]

Os perigos da noite

Sentia-se tão paralisado, tão desanimado, que foi baixando os olhos até fixá-los no chão, consumindo-se no pior dos desalentos, ao mesmo tempo em que dizia a si mesmo mensagens carregadas de tristeza. A expressão "que desgraçado sou" ficou gravada nas dobras de sua mente, martelando como um repicar de sinos. Quando levantou a vista, já não viu os dois jovens e acabou deduzindo que já deviam ter começado a desfrutar da festa. Sem nenhum ânimo e muito afetado pelo que presenciara, decidiu entrar no recinto da comemoração para continuar vendo aquela cena que só aumentava sua angústia e tristeza. Contudo, desistiu na mesma hora, pois assim que ultrapassou a soleira da porta de entrada viu várias silhuetas, que imediatamente reconheceu como imateriais, e que dançavam loucamente, saltavam e atravessavam os participantes daquela festa. No mais fundo de sua consciência pulsava a aflição, simplesmente porque não se identificava nem queria pertencer àqueles seres espirituais que por ali circulavam, ainda que fossem de sua natureza.

Era claro que a lembrança recente de sua passagem pelo prostíbulo o dissuadiu de permanecer naquele lugar, que lhe trazia sensações muito negativas da visita que lá fizera acompanhado do general Gonçalves. Embora João tenha se dado conta de que os dois lugares nada tinham a ver um com o outro, acabou optando por esperar do lado de fora, afastando-se daquele burburinho com o qual não estava em sintonia devido à tristeza que o envolvia.

Olhando para um grande relógio de uma das torres da praça, nosso personagem percebeu que lá pelas cinco da manhã a música baixou de volume e alguns jovens começavam a deixar o local, despedindo-se e tomando cada um seu caminho de volta para casa. Ao observar certa aglomeração na entrada, ele resolveu se aproximar para não perder Marcelo de vista e controlar o momento em que fosse deixar o local.

E, como esperava, um pouco depois o casal de namorados saiu. Várias entidades do outro plano redemoinhavam em torno daquele variado grupo que dava gargalhada em tom festivo e, sob efeito do álcool ou por desinibição, se abraçava animado antes da despedida. Dessa vez as carícias entre Marcelo e Elisa não tiveram nenhum efeito sobre João devido à sua obsessão pelo pouco tempo que lhe restava para pôr em prática seu sinistro plano contra o ex-amigo.

Elisa tomou um táxi e desapareceu daquele cenário. Marcelo, que tinha bebido bastante, ficou alguns segundos meio confuso, pois não sabia exatamente o que fazer. Àquela hora da noite já não havia ônibus que fizesse o trajeto em direção à sua casa, por isso resolveu tomar um táxi em um ponto próximo. Curiosamente, não caminhava só; era acompanhado por uma sombra mais ou menos densa, que girava à sua volta e de vez em quando aspirava o hálito do rapaz, divertindo-se com a sensação. Tratava-se de um mendigo de baixa estatura, aparentando certa idade. De olhos arregalados e assustadores, roupas esfarrapadas que mal cobriam seu corpo e aspecto miserável, revelava completo abandono. Assombrado por aquela cena, João concluiu que não dava para distinguir qual dos dois seres que caminhavam juntos estava mais afetado pelas emanações da bebida.

De repente, a lembrança de Elisa, com sua beleza e sorriso terno, aflorou à mente de nosso amigo, fazendo que a fúria se apoderasse dele ao mesmo tempo em que recuperava a consciência a respeito do plano que imaginara. Munindo-se de coragem e com todo o ímpeto, deu um grande salto de vários metros de distância, conseguindo cair em cima da figura do indigente. Com os dois espíritos atirados no chão pelo efeito do brutal golpe, o rapaz se levantou imediatamente e, olhando agressivamente para o velho, gritou:

— *Maldito! Este homem me pertence, é meu! Suma daqui se não quiser que eu acabe com você!*

O mendigo, com os olhos quase fora das órbitas, tanto pela surpresa do impacto quanto pelas palavras agressivas do rapaz, tomado de súbito pânico, saiu dali aos tropeções, mas olhando de vez em quando para trás em direção ao seu agressor. João, todo valente e mais seguro após o sucesso de sua ação, renovou as forças e resolveu caminhar ao lado de Marcelo para ver se o que pretendia teria algum efeito. Assim, aproximou-se do ouvido de seu ex-colega e lhe disse:

— *Você bebeu muito e não pode se apresentar em casa nesse estado. E se sua mãe se levantar e perceber como você está? Seria uma situação embaraçosa, não? Teria que dar explicações sobre seu lamentável estado. Fique sossegado, vou lhe dizer o que você tem que fazer. Vá para casa caminhando, não se importe com a hora. É melhor demorar um pouco mais e se recompor com o frescor da noite do que entrar em casa tropeçando. Assim a bebedeira vai passando, e quando você chegar estará mais lúcido.*

Essas frases, insistentemente repetidas ao ouvido do jovem, acabaram se fixando em sua mente. Ao comprovar que Marcelo, com as mãos na cabeça, dava meia--volta, indo no sentido oposto ao ponto de táxi, João se deu conta de que sua ação fora concluída com êxito. Num espaço de poucos minutos havia expulsado o espírito incômodo do mendigo e conseguido que seu velho camarada mudasse sua intenção original.

Embora a distância a pé entre a praça e a residência de Marcelo fosse de cerca de uma hora, ele se dispôs, em plena madrugada, a empreender a caminhada, convencido de que as palavras que lhe chegavam à mente eram de bom senso. No entanto, apesar de conhecer o caminho, minutos depois de ter iniciado o percurso, Marcelo percebeu que estava muito cansado e parou no meio da rua, pensativo. Foi nesse momento que João decidiu, rapidamente, lançar seu segundo ataque ao "assoviar" para o rapaz o seguinte:

— *É verdade, você está cansado, pois a farra foi grande. Mas achou ótimo, não? Isso de ir andando não é má ideia, mas convém pegar um atalho. Você já sabe que a distância mais curta entre dois pontos é a linha reta, portanto, já sabe o que tem que fazer. Vamos, Marcelo, você vai ganhar tempo e, acima de tudo, metros.*

Nosso personagem tinha plena consciência das consequências da mensagem que fizera deslizar à mente de seu rival. Estava se deleitando com aquela diversão, espécie de jogo malicioso semelhante à perseguição de gato e rato. Era como se pudesse saber de antemão as reações por parte do outro, adiantando-se a qualquer de seus atos. Por estar muito perturbado pelos efeitos do álcool, o rapaz se tornava presa fácil para ele, permitindo-lhe controlar com facilidade e a seu modo o curso dos seus pensamentos. E, de acordo com seu plano maquiavélico, sabia que circular pela área que ele havia proposto constituía risco certo, pois se tratava de um bairro onde havia delinquência e a presença de pessoas perigosas.

Marcelo, cujo único objetivo era chegar o quanto antes em casa, andava como um autômato. Dirigido pela voz interior, seguia à risca os conselhos amistosos do guia improvisado. Quando já havia penetrado o suficiente naquela zona insegura, um carro ocupado por três rapazes de uns vinte anos parou bem ao seu lado. Dois deles desceram e, com cara de poucos amigos, imediatamente o abordaram, enquanto o terceiro, o motorista, permanecia no veículo. As intenções dos assaltantes não podiam ser muito positivas, pois um empunhava uma faca, e o outro, um revólver.

— A carteira, rápido! — disse um deles, com grande nervosismo, apontando a arma.

— Vamos, vamos! — acrescentou o outro. — É preciso ser muito estúpido para andar por aqui a esta hora. Não conheço sua cara. O neném se perdeu ou o coitadinho não sabe voltar para casa? Vamos!

Entre assustado e confuso, Marcelo obedeceu aos assaltantes, mas eles, ao constatar o pouco dinheiro que havia na carteira, ficaram mais agressivos. Então, o que trazia a arma de fogo, apontando diretamente para o peito do rapaz, disse:

— E ainda por cima não tem dinheiro, desgraçado? Foi pra isso que descemos do carro? Ah, um momento, vejo algo muito mais interessante. Caramba, neném! E essa jaqueta de couro, das boas e caras, que está usando? Quer saber? Fico com ela. Depois de tudo, é um bom negócio. Ia atirar em você de graça. Então, sua vida pela jaqueta, combinado? Não vai negar que se trata de um acordo justo, não é? Vamos! O que está esperando? Tire-a e passe-a pra cá.

Diante de ameaça tão séria, o jovem tirou apressadamente a cara vestimenta, enquanto o outro a examinava com os dedos.

— Ei, amigo, parece que é autêntica, e como vai me cair bem! Seus velhos não enfrentam penúria, não é mesmo? Bem, isso servirá como pagamento de pedágio por você se atrever a circular em nossa área. Não achou que ia passar por aqui todo tranquilo e sem nenhum custo, não é?

João observava a cena não apenas assombrado como também atemorizado. De repente, ouviu uma voz estranha que vinha do carro e que não lhe parecia normal. Era um som seco, metálico, sem eco. Em meio àquele tenebroso cenário noturno, fixou-se bem no interior do veículo e percebeu a presença de um ser de cor escura, em cuja cabeça havia uma mancha de sangue, como se tivesse levado um tiro, mas o ferimento mostrava apenas o buraco de entrada da bala, não o de saída. Sentado atrás, sozinho, observava com interesse pela janela o que se passava lá fora. Uma estranha linha cinza saía de sua testa e se ligava diretamente, em forma de fios brilhantes, com a do rapaz que segurava a faca. Foi então que ouviu o que parecia ser uma mensagem em forma de bramido, emitida por aquele ser ao jovem que segurava a faca.

— *Fure-o!* — gritou. — *Castigue o idiota! Todos aqueles que ousam atravessar nosso bairro devem levar uma bela lembrança.*

Nosso protagonista ficou repugnantemente impressionado quando comprovou que, cada vez que aquela figura gritava a expressão "Fure-o!", lances sanguinolentos de vômito saíam de sua boca e escorriam lentamente por seu peito. Assim, enquanto a impiedosa ordem era transmitida pelo canal aberto entre a sinistra figura e seu subordinado, o rapaz da faca cravou o objeto pontiagudo na perna direita de Marcelo, bem acima do joelho, que nada pôde fazer para evitar o terrível golpe. Rapidamente, os dois delinquentes, com a peça roubada, entraram no carro, e o motorista deu a partida, acelerando forte. O som ecoou na noite, e desapareceram como um raio pela rua sinuosa.

A cena era horrível. Marcelo, com gritos de dor sufocados por já estar quase sem voz, tombou no chão, ferido pelo golpe, enquanto cobria o ferimento com a mão. O sangue brotava profusamente do corte, que chegara a rasgar a calça. Estava tão exaurido de forças que não tinha energia sequer para pedir socorro. Ali ficou, caído no chão sujo, até que, exausto e sangrando, abandonado à própria sorte, perdeu a consciência; então seus olhos se fecharam, como numa despedida do céu estrelado, alheio ao que se passava sobre o solo da cidade grande.

João ficou paralisado de terror. Não sabia o que fazer, se ficava ali ou se fugia daquele lugar tétrico. Parecia claro que a contemplação daquele cenário havia superado suas intenções, inclusive as mais favoráveis aos seus interesses. Sua impotência e falta de atitude provocaram nele um efeito extraordinário: desconsolado, começou a chorar; em seguida, se aproximou do antigo companheiro de batalhas e lhe acariciou o rosto. *"Eu não queria isso, não queria"*, murmurava repetidamente, entre soluços. Com absoluta clareza, percebeu em seu íntimo que aquele inesperado acontecimento, provocado de forma indireta por sua intervenção, havia mudado por completo sua visão dos fatos.

De repente, já não desejava nenhum mal ao namorado de Elisa, mas, ao contrário disso, pretendia fazer qualquer coisa, fosse o que fosse, para aliviar a comprometida situação de seu companheiro de infância. Seus sentimentos mudaram bruscamente para culpa ao se sentir responsável pelo que ocorrera com o rapaz, já que havia sido ele que o incitara, por meio das técnicas que aprendera com o general, a atravessar aquela zona tão perigosa da cidade. Agora reconhecia que se aproveitara da fraqueza de Marcelo, comprometido pelos efeitos deprimentes do álcool. Agachado sobre o corpo estendido no asfalto daquele que agora já não considerava um inimigo, pedia ajuda ao espaço infinito, com a última esperança de que alguém ajudasse seu companheiro a superar a gravidade da situação na qual estava envolvido.

[9]

Benditos médicos da alma

E então, no final daquela madrugada intraquila, João ouviu uma freada brusca. De um carro, que subiu sobre a calçada, desceu um homem de meia-idade e estatura mediana, vestindo um terno. Ele se aproximou rapidamente de Marcelo, ali estendido. Depois de examinar o ferimento e auscultar o pulso, tirou um celular do bolso e digitou um número.

— Boa noite — disse o desconhecido. — Sou o doutor Santos e tenho uma emergência na rua Central. Assim que possível, mandem uma ambulância para cá, na altura do número 220. Vou permanecer à espera, aqui no local da ocorrência. Obrigado.

O indivíduo que se identificou como médico foi até o veículo e tirou de seu interior uma valise com instrumentos de primeiros socorros para atender o jovem, que seguia estendido na rua. Para deter a hemorragia, colocou uma compressa no ferimento da perna de Marcelo.

— Ei, rapaz! O que houve com você? — perguntou o homem.

João, que estava a pouca distância do ocorrido, achou que o médico estava tentando reanimar seu colega, procurando conversar com ele para ver se recuperava a consciência.

— E então, rapaz, não me ouviu? Estou lhe perguntando: o que houve com sua cabeça? Golpezinho violento, não? Deve ter sido terrível, não foi?

Quando nosso protagonista se deu conta de que era com ele que o homem estava falando, ficou como que paralisado, tanto amedrontado quanto surpreso com aquele estranho fenômeno. Não conseguia entender como um ser "de carne" podia tê-lo reconhecido ali na escuridão da rua. No entanto, o largo sorriso que o médico exibia o ajudou a tranquilizá-lo, até que ele conseguiu, mesmo titubeando, balbuciar:

— *O senhor está falando comigo?*

— Mas é claro, rapaz. Aqui não há mais ninguém que possa nos ouvir agora. Não vai achar que perdi o juízo, não é mesmo? Simplesmente falo com você porque posso vê-lo e ouvi-lo.

— *Mas, mas... isso é possível? O general Gonçalves não comentou nada a esse respeito. Será possível?* — disse baixinho o jovem.

— O general? Que general? Está se referindo a quem? Como é seu nome?

— *Eu me chamo João, senhor. E... bem, me lembrei de um amigo que conheci não faz muito tempo e que está morto, quero dizer, tão morto quanto eu. Ufa, que confusão, sinto muito, estou muito nervoso!*

— Calma, João. Não se assuste. Vou me apresentar: sou o doutor Humberto Santos, a seu dispor. Trabalho no pronto-socorro do Hospital Central, que fica nesta região. Estou acostumado a cuidar de pessoas como você. É evidente que sei que você não está morto. Apenas se desprendeu de seu envoltório carnal. Entendo sua situação e vou lhe repetir: confie em mim, fique tranquilo. Para mim, sua dimensão é tão familiar quanto a minha. Nunca vivi apenas em um dos planos, mas em ambos: no físico e no espiritual. Isso me permite agir nas duas frentes, por exemplo, com este rapaz ferido, mas também com pessoas como você. Mas me responda: o que aconteceu com sua cabeça?

— *Ah, sim, doutor, me desculpe por não ter explicado. Ao que parece, fui atropelado, e o impacto deve ter sido terrível, porque ao cair bati com a cabeça no chão e fiquei com este ferimento. Creio que foi isso que causou minha morte.*

— Pois foi isso, com certeza. Deixe-me ver. É profundo e ainda está aberto. Barbaridade, que choque foi sua queda! — comentou o médico, enquanto olhava com atenção a testa de nosso personagem.

— *A verdade é que não percebi e continuei fazendo as coisas habituais. Não senti dor nem me dei conta de que havia morrido.*

— Sim, isso é muito frequente — afirmou Humberto.
— Em agonias inesperadas e violentas costuma acontecer

isso. A pessoa não assume sua nova situação senão depois de algum tempo, que pode ser longo, dependendo das circunstâncias. No seu caso, como você tomou consciência do ocorrido?

— *Veja o senhor. Um militar apareceu diante de mim e me explicou minha nova situação. Graças a ele soube que havia falecido, quero dizer, que continuava vivo, mas de uma forma diferente.*

— Ah, sim. Aquele personagem que você já mencionou, não é mesmo?

— *Isso mesmo, senhor. O general Gonçalves.*

— Já entendi. Ouça, rapaz, a qualquer momento vai chegar a ambulância para levar este jovem ao hospital. Você o conhece?

— *Sim, claro, ele se chama Marcelo. Uns delinquentes o assaltaram e, ao fugir, um deles fez um corte profundo em sua perna com uma faca. Mas, me diga, por favor, ele vai morrer? Conseguirá sobreviver? Não suportaria se ele terminasse como eu.*

— Fique tranquilo, ele vai sair desta. Acontece que perdeu muito sangue. Hum! Cheira a álcool. Devia estar bem bêbado. Você fala dele com muita preocupação. É muito afeiçoado a ele? Era seu amigo?

— *Ah, senhor Humberto, a história é longa para contar, mas sim, era meu amigo e companheiro de infância, e continua sendo, claro. O fato de eu estar nesta situação não pode destruir nossos laços de amizade, não é mesmo, doutor?*

— Com certeza, João. Há coisas que nem sequer a morte física pode romper. Acalme-se, seu amigo vai se recuperar. Agora, só precisa cuidar para que o ferimento se feche, deve repousar e se esquecer desta experiência tão traumática. Poderia ter sido pior se o corte tivesse atingido a artéria femural. Com essa gente tão violenta nunca se sabe. Meu Deus, que cidade esta!

— *Olhe, senhor, lá vem a ambulância.*

Humberto conversou por uns segundos com a doutora Sílvia, que chefiava a equipe que fora socorrer Marcelo. Disse-lhe o que sabia sobre o caso, e ela informou que cuidaria do rapaz. Depois de colocado dentro da ambulância, o veículo fez meia-volta e seguiu para o hospital. Humberto e João ficaram sozinhos.

— Bom, rapaz, tenho que descansar. Estava a caminho de casa. Meu turno acabou, e o melhor a fazer agora é dormir. Está vendo que as emergências não ocorrem só nos hospitais, mas também na rua ou em qualquer outro lugar, onde se pode topar com situações difíceis como esta, que exigem uma ação rápida.

— *Mas, senhor* — disse o jovem em tom de alarme —, *o senhor não pode me abandonar. Tudo o que aconteceu hoje me deixou muito confuso, estou desorientado, não sei aonde ir nem o que fazer. Preciso de tantas explicações, de bons conselhos. Suplico-lhe, por favor, me ajude.*

— Meu jovem, não costumo receber espíritos em minha casa. Meu lar deve permanecer à margem de certas interferências. É por respeito à minha mulher e aos meus filhos. Você compreende? É somente uma medida de precaução. De todo modo, para lhe ajudar, aproveitaremos a viagem até minha casa para conversar. Mas ouça bem, assim que chegarmos lá, você não vai poder entrar, nem se tentasse. A casa está protegida.

— *Entendo, senhor Humberto. Uma vez quis entrar num lugar assim e não consegui. Foi pela mesma razão?*

— Provavelmente, sim. Há barreiras que certos espíritos não conseguem ultrapassar. E tem lógica, pois sua presença perturbaria seus moradores.

— *Compreendo, senhor. Então posso entrar no carro com o senhor?*

— Sim, tem minha permissão. Mas lembre-se: só lhe darei atenção durante o trajeto até lá.

— *Está certo, doutor, não imagina o quanto lhe agradeço.*

Assim que se acomodaram, o carro arrancou e pôs-se em movimento num ritmo tranquilo. O jovem não conseguiu resistir à tentação de fazer uma pergunta ao médico.

— *Desculpe-me se lhe pareço intrometido, mas desde o momento em que o conheci, desejei lhe fazer uma pergunta.*

— Vá em frente, rapaz.

— *Como é possível que o senhor se comunique comigo, me veja, me ouça? Todas as pessoas do plano físico com quem cruzei até agora me ignoraram. O senhor não sabe o quanto sofri devido a esse isolamento forçado.*

— Eu o compreendo perfeitamente. A falta de comunicação e, portanto, a solidão são coisas que geram tristeza, não importa a dimensão na qual você esteja. Respondendo à sua questão, desde pequeno tenho esse dom. Quando era um menino ainda muito pequeno, mal começando a raciocinar, já podia ver e conversar com pessoas como você.

— *Mas isso deve ser maravilhoso* — interrompeu-o João —, *poder estar em contato com as duas faces da realidade. Suponho que o fato de o senhor possuir essa virtude deve lhe proporcionar uma grande vantagem sobre os demais.*

— Desculpe-me, João, mas acho que você desconhece bastante a essência do que está comentando. Vantagem? Virtude? Olhe, rapaz, como ocorre com outros aspectos da vida, essa não é uma coisa boa nem má em si mesma, mas sim depende do uso que se faça dela. Ser um mediador, como acontece comigo, implica uma grande carga de responsabilidade. Embora você possa se assustar, vou lhe dizer algo. Conheço colegas que desenvolveram essa faculdade e, contudo, a maldizem.

— *E por quê?*

— Muito simples: pelo que acabo de dizer. Nem todos estão preparados para assumir, na vida, determinados tipos de compromisso. Você nem imagina o imenso trabalho que dá atender tantos e tantos espíritos. Assim que percebem que alguém pode vê-los e entendê-los, despejam na pessoa uma quantidade enorme de pedidos de ajuda, a maioria deles irracionais ou impossíveis de serem atendidos. Ignoram seu trabalho, a família, seu tempo livre, inclusive sua intimidade. É claro que é preciso entender a situação deles, mas reitero que a necessidade de amparo que demonstram pode superar sua paciência para atendê-los. Isso não é fácil, eu lhe garanto, e exige o aperfeiçoamento de uma grande disciplina interior para dispensar a cada questão seu tempo e lugar. Se não for assim, pode-se correr o sério risco de enlouquecer. Não é preciso ir mais longe, amigo, seu caso é um perfeito exemplo disso.

— *Sim, sim, é verdade, compreendo. Mas, senhor Humberto, se o senhor não tivesse falado comigo, nem teria me dado conta disso.*

— Ah, sim. Não se preocupe. Estou habituado com isso, isso está presente em minha vida cotidiana já há muitos anos. É parte de minha missão. Aprendi a fortalecer meu caráter e a distribuir de maneira conveniente meu tempo de trabalho.

— *Missão, senhor?*

— Claro, todos nós temos um só objetivo na vida: progredir e progredir, ainda que seja verdade que há muitos caminhos que levam a essa evolução.

— *Progredir? Caramba, então esse trajeto foi bruscamente interrompido em minha existência, porque morrer tão jovem tira da pessoa a vontade de viver e a mergulha na maior das depressões.*

— Ah, você está falando de sua situação? Não faça confusão, rapaz. Por acaso você não continua vivendo, ou seja, pensando e sentindo como antes?

— *Se isso é viver, doutor, então prefiro não existir nem sentir.*

— O que é isso, João? Não seja tão pessimista e catastrófico. Você não pode analisar essas questões a partir de suas emoções. Queiramos ou não, a existência continua em todas as suas dimensões, e você não pode impedi-la ou cortá-la, porque ela está submetida às leis divinas.

— *Pois com todo o respeito, senhor, essas disposições me aborreceram. Por um lado, me impediram de continuar estudando e de desfrutar dos melhores anos de minha juventude. Por outro, me separaram de meus maiores tesouros: Zilda, minha mãe, e minha querida Elisa, por quem eu suspirava.*

— Sim, deve ser duro para você. Entendo a referência à sua mãe, mas não consegui decifrar bem sua obsessão por essa jovem. Você precisa levar em conta um aspecto: para que uma relação funcione, deve haver amor de ambas as partes. Não pensa assim?

— *Sim, claro, é evidente... mas... um momento, o senhor sabe alguma coisa sobre Elisa ou nossa relação? Por acaso a conhece, já a viu, conseguiu falar com ela?*

— Ah, não. Não a conheço, absolutamente. Mas já ia me esquecendo. Apresento-lhe o irmão José, honorável doutor em sua última passagem por este planeta, eminência em medicina e meu mentor. Acompanha-me desde a primeira infância. É meu melhor amigo, e mantenho com ele laços afetivos difíceis de explicar. Para resumir, sem sua presença e ensinamentos, minha vida não teria sentido.

— *Ouça, um momento! Não pretendo desmentir sua afirmação, mas é que não vejo ninguém em nenhuma parte* — exclamou o jovem entre surpreso e assustado.

— Ah, sim, que descuido de minha parte. Ele está no assento traseiro. Normalmente se senta ao meu lado, mas desta vez quis lhe ceder o lugar para que pudesse falar comigo mais à vontade. Desculpe-me, mas você não pode vê-lo porque ainda não está preparado. Seus órgãos ainda não estão prontos para distinguir um ser tão luminoso...

— *Deus meu! Alguma coisa me roçou a cabeça* — gritou João, meio inquieto.

— Vamos, rapaz, não se assuste! — exclamou Humberto. — Ele apenas o acariciou para lhe dar as boas--vindas amistosamente.

— *Ufa! Que alívio, senhor! Já entendi. Foi este ser que lhe disse algo sobre Elisa.*

— Muito bem, rapaz, vejo que você percebe as coisas rápido.

— *E o irmão José conhece muita coisa sobre mim?*

— Ah! Você é engraçado, meu amigo. A verdade é que você se torna transparente para ele porque seus pensamentos se projetam como se fossem imagens numa tela, e ele pode vê-los. É apenas isso.

— *Mas isso não é muito certo... digamos... É como se eu não pudesse guardar meus segredos, é como ficar nu...*

— Sim, de fato, mas não fique preocupado. A estatura moral de José é tão evidente que ele nunca faria uso perverso das informações às quais pode ter acesso. Ele sempre as usa visando o bem, no intuito de ajudar e nunca para interferir ou em benefício próprio.

— *É tão bom assim esse espírito?*

— Sem dúvida. Para que você entenda, ele desempenha as funções de mestre espiritual. Não creia que todos os espíritos possam exercer tão elevada função em sua dimensão. É preciso ter muitos méritos, muitos conhecimentos e um nível ético muito acima da média correspondente ao mundo físico em que me desenvolvo.

— *Mas como é possível que ele desempenhe seu trabalho no plano físico se pertence àquele em que estou?*

— Todos nós podemos trabalhar, seja onde estivermos. Ele faz isso, é claro, em sua dimensão e se vale de mim como instrumento para operar no mundo material.

— *Creio que estou começando a entendê-la, senhor Humberto. Poucos segundos atrás não conseguia atentar para sua enorme responsabilidade no dia a dia. O senhor deve cuidar de sua família, de seus assuntos no hospital, dos pacientes e, como se isso fosse pouco, de todos os espíritos com os quais entra em contato.*

— Pois assim é, João. Reconheço que não é um trabalho fácil. Mas já há muito tempo defini meu propósito nesta existência. Não vou negar que às vezes isso é esgotante, mas tenho plena consciência de que minha formação como médico não abrange apenas as paredes que cercam a estrutura do hospital ou da sala de cirurgia, mas também outros aspectos mais amplos, como é o caso de todos os espíritos desorientados que precisam de assistência.

[10]

Reflexões no hospital

Sentindo que já estabelecera um vínculo emocional com o médico, João pensava em como aqueles momentos estavam sendo decisivos para ele. Quando o carro parou diante de uma bela casa, construída fora da área urbana, os raios de sol já começavam a despontar e a deixavam ainda mais bonita, dando-lhe um aspecto bastante acolhedor.

— Bem, chegamos — disse o médico. — Agora vou dormir. Estou muito cansado. Minha esposa com certeza já está de pé. Ela é professora e leva nossos dois filhos ao colégio, onde também dá aula.

— *Que interessante, fico contente em saber disso. Gostaria de lhe fazer só uma pergunta, se me permite. Falando com meu amigo militar, disse-lhe que meus dois objetivos prioritários, uma vez que minha viagem pela dimensão material terminou, eram me vingar de Marcelo, aquele rapaz estendido na rua que* o senhor atendeu, e estabelecer contato com minha mãe para lhe explicar o que aconteceu comigo.

— Sim, sei. Sobre a primeira questão, creio que ela já está em vias de solução. Não pensa assim, João?

— A verdade, senhor, é que tudo o que aconteceu esta noite mudou minha percepção das coisas a um ponto que nem eu mesmo podia imaginar. A visão de meu amigo naquele lamentável estado, ferido e caído sobre a calçada naquele bairro de vibrações tão ruins mexeu no modo como eu pensava sobre um assunto que muito me consumia. Eu queria que ele pagasse por aquilo que eu não tinha dúvida nenhuma tratar-se de uma traição, mas a verdade é que dentro de mim algo mudou; talvez seja a nova maneira como encaro as coisas agora. Esse nó de ódio que eu associava a ele... Não sei, estou tão confuso, senhor Humberto... Não sei a que me ater.

— Acalme-se, rapaz, seja otimista. O próprio fato de que suas sensações tenham mudado já faz prever mudanças positivas para o futuro. Mas não se antecipe, não seja impaciente, tudo tem sua hora. E quanto a você se comunicar com sua mãe, espere um pouco mais. Não se desespere. Com boa vontade e disposição, tudo se ajeita nesta vida.

A emoção do garoto era tal que mal lhe cabia no peito e, levando as mãos ao rosto, ante a sensação, ficou muito tocado ao ouvir a mensagem do médico. Sem dúvida, achava que o encontro com aquele personagem de carne e osso, de uns quarenta anos de idade, havia sido uma bênção para ele. Médico de profissão, era acima de tudo uma excelente pessoa. O ápice de seu enlevo foi ouvir as belas palavras de Humberto quando ele lhe abriu a possibilidade de fazer contato com Zilda, sua adorada mãe.

— *Não sei como lhe agradecer. O senhor não imagina qual o significado para mim do que acaba de me dizer. Dou graças ao céu por tê-lo encontrado neste momento tão dramático.*

— Calma, João. Tudo nesta vida tem sua razão de ser, nada acontece por sorte, seja ela boa ou má. Pense nisso. As leis divinas nos livram da tirania do azar, apesar de muita gente achar que é o acaso que rege seu destino. Tudo tem um porquê. Não tenha a menor dúvida: nosso encontro não foi fortuito. Eu insisto: não se deixe levar pela pressa. Não percebe como no dia a dia tudo tem seu lugar e tempo? Não foi assim nesse tempo transcorrido desde sua despedida da esfera física? Era primordial que no início você custasse tanto a aceitar a realidade de sua "morte", para assim conhecer esse militar com o qual não descarto que voltará a se encontrar. Por último, o acontecido há algumas horas serviu para prepará-lo para uma nova visão dos fatos. Foi preciso que acontecesse dessa maneira, bastante violenta, mas, ao mesmo tempo, comovente, de modo a tocar seus sentimentos mais sensíveis. Você percebe, querido amigo? Não acredita que os bons espíritos velam por você, por mim e por todo o mundo? Esse mundo em que você se acha agora, apesar de lhe ser difícil de aceitar, está em perpétua interação com este em que me encontro. Não se pode separá-los, eles fazem parte de um todo uno e indivisível no qual o ato mais simples afeta a outra parte. Falando de seus próximos passos, vou lhe dizer uma coisa: você não pode ter acesso a um curso superior sem antes ter passado pelos anos anteriores. Intuo que em breve surgirão novas oportunidades para você. Permaneça receptivo e eleve seus pensamentos a Deus, que tudo pode. Ele se vale de seus infinitos instrumentos, que não são outros senão os espíritos, para cumprir seus desígnios, sempre sob o critério da mais excelsa justiça.

Depois de um efusivo abraço, ambos desceram do automóvel. Enquanto isso, o semblante do jovem se iluminava com um sorriso de agradecimento e esperança, algo que nunca havia experimentado, em meio a um crepúsculo que anunciava um dos mais belos amanheceres na existência de João.

Passaram-se algumas horas, e quando o sol estava em seu ponto mais alto, o rapaz, que não chegou a se distanciar da casa, inquietou-se ao detectar uma estranha silhueta no interior da mansão de Humberto. A verdade é que o jovem não se atrevera a se afastar daquele lugar porque lhe ocorria algo novo, como lhe dera a entender seu novo amigo. No início, por causa da distância, não distinguia bem de quem poderia se tratar; o que era certo é que o nível de alerta do rapaz subiu, atingindo níveis inesperados. À medida que se aproximava, conseguiu identificar melhor a figura de um homem, já de certa idade, de uniforme branco e reluzente, semelhante ao usado por equipes de saúde nos hospitais. Imediatamente certificou-se de que se tratava de um habitante do plano espiritual, porque sem precisar que o outro abrisse a boca, em sua mente, o ouviu se apresentar.

— *Bom dia, João, que Deus ilumine seu caminho. Sou o doutor José, amigo e mentor de Humberto, que você já conhece.*

O jovem ficou estupefato ao observar como a imagem de alguém que poucas horas atrás estava invisível agora estava ali com toda a naturalidade diante dele, naquele cenário tranquilo e afastado da agitação do centro da cidade. Apesar da inesperada surpresa, recompôs-se e resolveu lhe perguntar:

— *Minhas saudações, doutor. A verdade é que não estou entendendo nada. O senhor viajava de carro conosco esta noite e não pude vê-lo, embora o tenha sentido, então como é possível que agora consiga visualizá-lo com tanta clareza e inclusive ouvi-lo?*

— *Ah, sim. Não se assuste. Achei que seria muito mais conveniente para você poder me observar diretamente. Trata-se apenas de uma questão de fluidos, ou seja, de sua maior ou menor densidade. Como agora eu queria que você me percebesse, mediante um ato de vontade, torno meus fluidos mais densos e aqui estou.*

— *Caramba! Que poder! É incrível, mas me pergunto: se o senhor é o mentor do doutor Humberto, então deve estar num nível mais do que elevado em todos os aspectos.*

— *Obrigado por sua gentil interpretação, João. Foi divertida, a esta hora, com o sol a pino. Mas este não é um momento próprio para julgamentos e avaliações. Deixemos que sejam os de cima a nos qualificar, em virtude de nossos atos. Enquanto isso, vamos seguir desenvolvendo todo o bem que for possível e prosseguindo com o trabalho de oferecer ajuda a quem esteja necessitando dela.*

— Isso me parece adequado, senhor José. E como eu poderia contribuir para esse bem de que o senhor fala? Considero magnífica a ideia que expôs. Estou começando a compreender que, embora me encontre em outro lugar, bem distinto do mundo carnal, continuo pensando. Isso me fez reconsiderar várias coisas, inclusive me convenci a realizar algo produtivo.

— Propósito louvável o seu — respondeu o médico espiritual. *— É evidente que quando alguém muda interiormente, as coisas que estão fora também começam a se renovar.*

— O que quis dizer com isso, senhor? — perguntou o jovem, mostrando muita curiosidade.

— Venha comigo, que vou lhe mostrar.

Depois de demonstrar ao rapaz que confiava nele, o médico tomou-lhe as mãos e volitou com ele até a escadaria que dava acesso ao Hospital Central, situado em pleno coração da cidade, não muito distante do local onde Marcelo fora assaltado na madrugada anterior.

— Ufa! Que tontura, doutor. O que exatamente aconteceu? Como foi que chegamos aqui tão de repente?

— Bom... não se preocupe muito com isso. Essa sensação se deve apenas à sua falta de costume. O deslocamento nesta dimensão está condicionado a um ato de vontade, mas em primeiro lugar é preciso experimentá-lo e depois saber controlá-lo. Não é coisa fácil para alguém inexperiente como você, mas com o tempo logo vai aprender. Foi por isso que o ajudei a fazê-lo.

Em todo caso, querido amigo, queria o quanto antes fazer com você um longo passeio pelos bairros da cidade. Vou levá-lo a um lugar muito especial. Acompanhe-me!

As duas entidades entraram e subiram até o quarto andar do edifício. Caminhando pelo meio de um largo corredor, andaram até uma porta em que havia uma tabuleta com os dizeres: "Quarto 436". Quando entraram no aposento, a surpresa de João foi enorme. Estendido na cama, seu companheiro de toda a vida, Marcelo, recuperava-se do ataque que sofrera apenas algumas horas antes. Lá estavam, em atitude de grande preocupação, os pais do rapaz, a quem nosso jovem conhecia desde a infância, e, como não podia deixar de ser, sua namorada, Elisa.

— Meu filho, que coisa terrível! — comentou com o semblante sério a mãe.

— Não se angustie, mamãe — respondeu o jovem. — Como já sabe, em poucos dias estarei novamente em casa. Só querem que eu permaneça aqui para acompanhar se tudo está evoluindo bem.

— Já sei, querido — respondeu a mãe. — Levamos um grande susto. Não imagina como ficamos quando nos avisaram por telefone. Não tivemos medo só pelo que aconteceu, mas também pelo que poderia ter acontecido. É um medo que não me deixa sossegada. Quero que entenda. Na realidade, ainda não consigo saber o que deu em você para atravessar aquela zona da cidade e ainda mais naquela hora. Que falta de juízo! Isso não pode voltar a acontecer, ou a ansiedade vai tomar conta de nós. Não há razão para esse sofrimento. A vida já traz problemas suficientes e não há por que aumentá-los sem necessidade.

— Sei disso, mamãe. Hoje já falamos sobre isso várias vezes e pedi desculpas a vocês dois. Também não entendo o que se passou, mas creio que não há por que ficar falando disso. O passado já foi. O que há de melhor com os erros é aprender com eles. Prometo que serei muito mais prudente a partir deste momento.

— Assim espero, Marcelo, assim espero. Bem, vou descer com seu pai para tomar qualquer coisa no restaurante e logo estaremos de volta. Deixamos você com Elisa para que possam conversar.

Os pais do rapaz, depois de lhe dirigir um doce sorriso, saíram do quarto, deixando nele quatro criaturas, duas delas dispostas a falar, e as outras duas, a ouvir. Elisa se sentou na beira da cama e suavemente tomou a mão do namorado.

— E pensar que àquela hora — disse a jovem — eu estava dormindo tranquila, querido. Se pudesse ter imaginado, você teria ido comigo no táxi, e nada daquilo teria acontecido.

— Sim, você tem toda a razão, mas falar sobre algo que aconteceu no dia anterior e querer evitá-lo não é mais possível. Há muitos fatos inesperados que temos que enfrentar na vida, e este é um deles. Digo a você o mesmo que disse a minha mãe: aconteceu porque tinha que acontecer, e não há por que ficar pensando muito no assunto nem ficar obcecado por ele. De todo modo, não sou um bobo. Não acredito que as coisas aconteçam por acaso, mas que na imensa maioria das vezes são um sério aviso para a pessoa envolvida, especialmente quando se trata de circunstâncias importantes, como esta.

— Você tem toda a razão, querido, mas vou acrescentar algo à sua reflexão. Embora haja aspectos que fujam de nosso controle, esclareço que, tanto para seu bem quanto para o nosso, até que ponto não foi você mesmo o responsável pelo desencadeamento da agressão?

— Eu?

— Olhe — asseverou a garota —, não podemos eliminar as pessoas ruins desta cidade, mas o que você não pode fazer é justamente ir ao lugar onde elas estão. Você se expôs inutilmente, correndo grave risco. Sei por que isso aconteceu, e não vale a pena você se enganar de novo. Já falamos sobre esse assunto outras vezes. Sua mania de passar dos limites com a bebida nas festas um dia vai lhe causar um grande desgosto, inclusive mais perigoso que o de ontem. Estou dizendo isso por amor, tocando diretamente na sua consciência. Você precisa fazer alguma coisa para mudar isso, Marcelo. Eu lhe pergunto: por acaso chegou a alguma conclusão sobre o que houve nessa madrugada?

— A verdade é que me sinto envergonhado — disse em tom sério o jovem. — No íntimo, sinto a força de suas palavras como um punhal cravado em minha consciência. Não tenho tanta certeza, mas noto que há algo mais, Elisa. Como você bem argumentou, não podemos mudar a natureza das pessoas, em especial das que não fazem parte de nosso círculo. O fato é que fazer o que fiz, ficar andando de madrugada por essas ruas, não podia resultar em nada bom. A pessoa se apropria de todos os bilhetes para ser ganhador de um prêmio cruel. No entanto, minha intuição me diz que há algo mais além das evidências.

— É? E o que pode ser? — interveio a jovem.

— Sabe de uma coisa, amor? Embora tenha me divertido muito na festa, ainda mais estando ao seu lado, ao sair de lá me senti meio perdido, confuso.

— É claro, Marcelo. Suponho que não é agora que vai descobrir que o álcool deixa você tonto, desorientado, não é?

— Claro que não, mas acho que havia alguma coisa além disso. Quando a festa teminou, já na praça, senti um enorme cansaço, não apenas físico, mas principalmente psíquico. Mal conseguia andar, me arrastava, sem conseguir pensar, sem poder tomar decisões corretas. Acredite em mim, amor, nunca havia experimentado essa sensação de peso, de atordoamento. Embora lamentável, foi curioso. Reconheço que, quando vou a alguma comemoração, costumo abusar da bebida... Mas ontem à noite... foi diferente das outras vezes. Sobre o que você me perguntou a que conclusões cheguei, admito que vou encontrar um jeito de aproveitar uma festa sóbrio. É a fronteira que separa a prudência do risco, como ontem. Olhe, Elisa, vou lhe dizer algo surpreendente que não contei a ninguém. Só você ficará sabendo. Isso aconteceu à noite, justamente antes de eu perder a consciência naquela rua miserável.

— E o que é? — perguntou a garota, arregalando os belos olhos e concentrando todos os sentidos nas palavras que ia ouvir do namorado.

[11]

Resgate pela compreensão

Naquele quarto de hospital, onde se recuperava de seu ferimento, Marcelo ia revelar à sua amada Elisa uma experiência única pela qual havia passado e que ninguém sabia.

— Quando caí no chão ferido e me contorcendo de dor — disse o jovem —, de imediato me veio à mente, e de forma muito intensa, a imagem de João. Foi como trazer à memória a lembrança viva do terrível instante de sua morte, como se visse a mim mesmo na situação por que ele passou, atropelado, caído no asfalto. Eu também estava estirado no meio da rua, com um corte profundo em minha perna e sangrando. Posso lhe assegurar que era como se ele estivesse ali. Não saberia como explicar, amor, mas estou convencido de que justamente antes de perder a consciência vi também a figura dele ajoelhada junto a mim, inclusive cheguei a sentir sua mão acariciando minha testa. Nesse instante crítico, quando eu nem sequer sabia se ia sair com vida daquele cenário sinistro, tentei levantar a cabeça para observá-lo melhor e lhe estendi a mão para tocar seu corpo, mas não encontrei nada. Segundos depois perdi a consciência e já acordei nesta cama.

O relato do amado fez que se inundassem de lágimas as pupilas da jovem, que precisava se esforçar cada vez mais para conter suas emoções. Não obstante, continuou ouvindo com toda a atenção a descrição do namorado.

— Foi uma experiência incrivelmente bela — prosseguiu Marcelo. — Meu melhor amigo me dando assistência no momento mais dramático de minha vida. Não sei o que pensar, mas estou convencido de que os bons companheiros nunca nos deixam sozinhos diante das dificuldades nem nas piores circunstâncias, inclusive depois de mortos. Foi um lance estranhíssimo, mas insisto que o vi como estou vendo você agora mesmo aqui neste quarto. Acredita em mim, não?

— Claro, meu amor. Já ouvi falar desses fatos. Certa vez cheguei a ouvir que, quando estamos em situações graves, espíritos familiares que nos querem bem se aproximam de nós para nos ajudar. Faz lembrar também a ideia dos anjos da guarda, que velam por nós durante toda a vida.

— Sim, Elisa. Também já li alguma coisa sobre essas questões do Além. Deve ser maravilhoso, não acha? Enfrentar uma situação de perigo e saber que tem alguém que se preocupa com a gente, que está sempre disposto a nos ajudar em caso de dificuldade. Meu Deus! O amor não tem barreiras, está livre delas, e tenho certeza de que não importa o plano em que se esteja, nem o lugar onde se viva. Ninguém pode me tirar a ideia de que o afeto se estende para além do túmulo. Como gostaria de saber se essa experiência que lhe contei foi real! Por mais que pense, cada vez tenho mais clareza de que se tratava realmente dele, de nosso amigo João. Se você soubesse como gostaria de entender melhor esses assuntos espirituais, do que existe além do túmulo.

— Eu também — respondeu a garota. — Ele era tão bom, tão leal a nossos laços de amizade, tão nobre, tão apaixonado por tudo o que fazia e tão carinhoso... Nunca vou me esquecer do dia em que propôs que eu saísse com ele, que fosse sua namorada. Se você soubesse como fiquei mal, depois de tantos anos juntos como amigos, compartilhando tantas experiências, e, de repente, ter que negar aquilo que me pedia. Era tão íntegro, sincero, que eu não sabia como lhe dizer não, por isso não quis lhe contar que eu já estava de olho em você. Não queria causar-lhe sofrimento, mas se ele notou alguma coisa, espero que não tenha levado a mal, mas compreendido. Era impossível que nossos sentimentos, consolidados desde a infância, se deteriorassem por causa disso. Meus Deus! Já se passaram tantos meses desde que nos deixou, e é como se ele estivesse tão perto... Quando penso que você também podia ter passado pela mesma situação, começo a chorar. Perder duas pessoas com quem compartilhei tantas horas, tantas experiências, teria sido o cúmulo da desgraça.

— Como a entendo, Elisa. Eu, como você, cada vez que penso nele me sinto abatido. Tão jovem, como nós, tão dedicado a seu esporte, como a tudo o que fazia, tão cheio de projetos. Confesso que não existe dia em que, ao me levantar ou deitar, não me lembre dele. Deve ser porque sua partida ainda está muito fresca em nossa memória. É como se ele estivesse tão perto de nós... como se pretendesse nos prevenir de algo, nos aconselhar, ou nos acompanhar tão somente pelo que para ele significava nossa maravilhosa amizade. Jamais o esqueceremos, não é mesmo?

Soluçando, os namorados fundiram-se num abraço imortal, que mexeu com suas emoções mais profundas. Enquanto isso, nosso personagem não sabia como conter as lágrimas durante os minutos em que fora testemunha de uma vibrante conversa na qual a lembrança de sua pessoa havia aparecido como se ele continuasse mais vivo do que nunca na mente dos amigos.

— *Perdão, perdão, perdão* — lamentava-se João em voz baixa, em meio ao choro. — *Não sei como pude me degradar tanto como pessoa. E sobre as experiências que compartilhamos juntos? O que fiz, meu Deus? Deixei-me arrastar pelos sentimentos mais egoístas, estava cego, obcecado, querendo intervir num mundo do qual já havia saído, simplesmente negando a veracidade de fatos diante dos quais não cabia oposição, apenas aceitação.*

Em meio a tão sérias reflexões, a porta se abriu e os pais de Marcelo, que iam permanecer na companhia do filho, voltaram ao lugar em que tantas questões haviam sido esclarecidas, e tantas impressões, acumuladas em tão curto espaço de tempo. Foi nesse momento que José tomou a mão de João, mostrando-lhe com o olhar que deviam deixar o local.

— *Meus bons amigos* — sussurrava nosso personagem —, *jamais os esquecerei. Estive tão surdo aos sons de seu amor que só via meu orgulho ferido, sem parar para contemplar que o laço entre vocês fora abençoado pela vida e que não podia quebrar a vontade de duas almas que livremente haviam decidido se amar. Do mais fundo de meu coração, peço-lhes desculpas por meus pensamentos mesquinhos e pelo mal que tenha podido provocar.*

João, muito comovido, foi amparado pelo médico espiritual até se retirar do aposento e chegar novamente à ampla escadaria que dava acesso ao hospital, na qual o sol, em todo o seu esplendor, criava um cenário incomparável num lindo céu azul.

— *Senhor José* — disse o jovem —, *sinto-me tão abatido. Só de pensar na quantidade de energia e tempo que gastei para tentar prejudicar Marcelo... Fui tão indigno. Saiba o senhor que não é normal eu agir daquela forma, nunca me comportei desse modo no passado, não sei o que aconteceu. Deve ter sido algo conjuntural, pois fui tomado por um impulso que me prendeu em suas garras. Essas emoções que passaram a me dominar nestes últimos tempos não são próprias de minha natureza. Depois de contemplar essa cena, de ter conhecido Humberto e ter-me encontrado com o senhor, quero o quanto antes reparar meu erro. Creio que essa é a única maneira de compensar o mal que fiz, o sofrimento inútil que pretendia causar a alguém que só tem belas palavras para falar de mim, que só guarda gratas lembranças de minha companhia.*

— Está bem, rapaz. Agora você não deve ficar se torturando com essas questões. Muitas vezes é fácil passar de um extremo de uma intenção equivocada a uma culpa que só destrói a pessoa que a sente. Além de pouco prático, isso aumenta sua amargura de forma preocupante, paralisando qualquer vislumbre de renovação interior. Como disse, no futuro você vai ter tempo de corrigir seus equívocos, que não são mais do que uma fonte inesgotável de aprendizagem. Deus concede a todos os seus filhos novas oportunidades de progresso, e as suas também chegarão, claro. O próprio fato de você ter permanecido ao lado de seu amigo Marcelo estendido lá na rua, dando-lhe assistência num acontecimento tão lamentável, indica que você deu um passo adiante, o que não se deve desprezar. Se está se dando conta, começou seu processo de reparação quando decidiu fazer o bem ao próximo.

Assim que deixaram para trás os muros do prédio do hospital, novamente o médico espiritual tomou-lhe as mãos e volitou com ele até àquela paisagem relaxante da entrada da bela mansão. João permanecia cabisbaixo, refletindo sobre a transcendente conversa que presenciara entre os dois jovens e que acabara demonstrando a boa fé do relacionamento amoroso que se estabelecera entre o casal. Do mesmo modo refletia em como fez uma avaliação precipitada sobre o amigo e Elisa, por não ser correspondido. Assim como a confusão pela qual passava para entender e admitir a própria morte física.

Agora, já livre daquela sensação de ódio que não podia levá-lo a nada de bom, sentia-se liberto do acúmulo de mais ressentimento dentro de si, livre de um peso que carregava nos ombros e o impedia de viver em harmonia e aceitar seu momento presente. Rompidos os vínculos com a incompreensão e a falta de empatia, agora notava bem no íntimo de seu ser que se iniciava uma nova etapa, um ciclo resplandecente de inéditas aventuras que viriam a contribuir para seu progresso. Estava tão absorto nessas reflexões que José teve que insistir várias vezes, indicando com a mão que entrasse com ele na casa de Humberto.

— *Ah, sim, me desculpe* — reagiu João. — *Eu estava muito pensativo, passei por tanta coisa importante em tão pouco espaço de tempo que preciso processá-la. A verdade é que me sinto muito melhor agora. Eu mesmo me enfiei na masmorra de uma prisão onde reinavam o egoísmo e o orgulho provocado pelo despeito, e foi preciso que ocorresse o acidente com Marcelo e o diálogo entre ele e Elisa para que meus olhos se abrissem. Era como se as janelas de minha alma estivessem fechadas a qualquer outra visão que não fosse a do rancor. Não podia continuar por mais tempo cativo de meus pensamentos destrutivos. Assim que consegui entender essa realidade, decidi dar por cumprida minha condenação e atravessar o umbral que me leva à claridade. Obrigado, doutor! Até o céu, hoje, me parece mais claro e cristalino que em toda a minha vida passada.*

— Parabéns! Como você se expressou bem, meu amigo! Foi como se o que disse tivesse sido escrito num papel e preparado antes. Você descreveu muito bem a passagem da escravidão das baixas paixões para sua libertação. Pode-se notar que a literatura era sua matéria favorita no colégio! Repare como você, mesmo tendo se desprendido de sua vestimenta carnal, não deixou de lado essa tendência, que se aloja naquilo que você tem de mais essencial: seu espírito. Vamos por ora deixar de lado nossas justificativas e voltar ao trabalho. Estava convidando você para entrar na casa de meu protegido para conversarmos os três. O que acha da ideia?

— Excelente, senhor José, mas não se esqueça de que o doutor disse que não admitia espíritos em sua casa.

— É verdade, mas ele se referia aos muito perturbados, para evitar que suas vibrações instáveis afetem os demais membros da família. Eu lhe garanto que ele não verá nenhum inconveniente em recebê-lo agora, em seu estado atual.

— Não sabe como fico contente pelo fato de o senhor estar presente em tudo — disse o rapaz.

— Venha, vamos indo!

As duas entidades imateriais cruzaram a porta de entrada e encontraram Humberto já de pé, acabando de tomar seu lanche na cozinha. Ele os recebeu com um terno sorriso, graças à confiança que já nascera entre o até então desconhecido jovem e os dois médicos.

— Senhores — disse o rapaz —, *sinto-me muito à vontade aqui em sua presença. Mas me pergunto o que aconteceria se os meninos ou a mãe deles aparecessem de repente. Se for assim, como devo reagir?*

— Não precisa se preocupar nem um pouco com isso — respondeu Humberto. — Em primeiro lugar, ainda faltam umas duas horas para que os três voltem. E o mais importante, João, é que minha esposa é espírita, assim como eu, ou seja, conhece perfeitamente meu trabalho e as outras atividades a que me dedico, pois para mim tudo é medicina, não importa que se trate do corpo ou da alma. O importante, como lhe disse, é cumprir minha missão, e nesse sentido o fundamental é atender qualquer tipo de ser, não importando se ele tem suporte material ou não. Marcelo, por exemplo, possui um corpo físico, e você, não. No entanto, ambos foram ajudados. Entende? Quanto às crianças, não há problema. Embora sejam pequenos, já estão familiarizados com esses assuntos, por isso não vão estranhar se perceberem que estou conversando com alguém que eles não podem ver.

— *Pois isso me tranquiliza, senhor Humberto. Mas creio não ter entendido o que comentou a respeito de sua mulher, quando disse que ela era espírita.*

— Sim, claro — disse o dono da casa. — Procurarei explicar-lhe em poucas e simples palavras. Espírita é toda pessoa que acredita e pratica a doutrina filosófica do Espiritismo, aquela que estuda a natureza, origem e destino dos espíritos. Seres como você, sem ir tão longe, ou como José, ou simplesmente como eu.

— *Um momento, por favor* — interrompeu-o João. — *O senhor tem um corpo, portanto, enquanto estiver vivo não poderá ser um espírito como eu.*

— Não é assim, meu caro amigo — disse Humberto. — Ainda que eu me encontre na dimensão da carne e, portanto, precise de um corpo para viver no plano terreno, o certo é que também sou um espírito. Melhor dizendo, sou uma alma está agora vestida com as roupas dessa silhueta material que você pode ver e que não são mais do que células perfeitamente organizadas. No entanto, a parte imaterial não está submetida às contingências da destruição, como ocorre com o organismo, mas é imortal e, portanto, sobrevive ao óbito. Você pode aplicar isso a seu próprio caso. Embora lhe tenha custado aceitar isso, agora você já sabe que, apesar de desprovido de sua indumentária física, pode continuar pensando e sentindo.

— *Então, o senhor e sua esposa se dedicam ao estudo dos seres como eu! A verdade é que nunca ouvi falar desse fenômeno, embora tivesse conhecimento de que havia pessoas que podiam se comunicar com os "mortos".*

— Você fala de forma simplista, rapaz. A verdade é que seria uma explicação muito longa, mas, sem querer fazer sermão, não quero esquecer um fator essencial nessa doutrina que orientou toda a minha vida e lhe dá sentido.

— *E que aspecto é esse?* — perguntou João com muita curiosidade.

— Com o que lhe disse antes, você poderia concluir que nós, que nos dedicamos ao Espiritismo, tão somente pretendemos cultivar seu estudo. Contudo, há algo muito mais profundo nesse tema.

— *Mas, doutor, pode a aprendizagem de uma doutrina ser negativa?*

— De modo nenhum, meu jovem, mas ela não pode se limitar apenas à mera acumulação teórica de conhecimentos. Essa compreensão, embora seja indispensável, deve se traduzir em fatos.

— *Fatos?* — perguntou o jovem.

— Pois é claro, João. Imagine um médico eminente que tivesse metido na cabeça tomos e tomos de textos sobre cirurgia, suas bases e métodos e, apesar disso, na hora de agir, fosse incapaz de aplicar todo esse volume de conhecimento na sala de cirurgia. O que você acharia disso?

— *Para ser sincero, preferiria um médico com menos conceitos na mente, porém, mais decidido na hora de operar seus pacientes.*

— Muito bem, você mesmo respondeu de maneira eficaz. Com isso quero dizer que o verdadeiro espírita não só cuida de sua aprendizagem sobre os espíritos, ou seja, da parte intelectual, como também procura de todas as maneiras traduzir isso mediante uma série de condutas e atitudes que mantém em seus afazeres no dia a dia.

— *E que formas de comportamento são essas, doutor?*

— Procure se lembrar da máxima de Jesus durante sua passagem pela Terra.

— *Amar a Deus e ao próximo como a ti mesmo* — concluiu o jovem com segurança.

— Você resumiu com perfeição, querido amigo. O espírita, além de conhecer também age, aplicando em suas tarefas cotidianas os ensinamentos de Jesus, que você condensou tão bem na famosa frase que acabou de proferir. Essa é a verdadeira ferramenta do progresso: saber e agir de modo consequente.

— *Estou impressionado* — admitiu o rapaz. — *Quem me dera ter tido acesso a esse tipo de sabedoria em minha existência física. Certamente me teria sido muito útil após o meu acidente fatal.*

— Não tenha dúvida. Provavelmente sua confusão teria sido menos pesada, embora nem por isso inexistente, pois se trata de um processo que nos afeta a todos, em maior ou menor grau, embora as diferenças possam ser muito acentuadas em função de cada espírito.

— *O senhor acha que algum dia terei oportunidade de estudar essa doutrina a que o senhor e sua mulher se dedicam e que achei tão atraente logo à primeira vista?*

— Claro, João. Tudo tem seu momento certo. Se seu interesse em conhecê-la for genuíno, esteja certo de que no futuro você terá ocasiões de fazer isso. Só depende de vontade, nada mais.

— *Sou muito grato a ambos* — disse o jovem com sinceridade. — *Os senhores foram verdadeiros artífices no esclarecimento de meu presente, na ruptura dos laços que me atavam ao passado e no vislumbre de um futuro pleno de momentos positivos, que constituirão o caminho pelo qual seguramente avançarei.*

— *Congratulamo-nos com suas palavras* — interveio José. — *Não se esqueça de que trabalhamos para isso. E para que você de uma vez se decida livremente seguir pela senda do bem, cujas oportunidades constituem motivo para aprender e evoluir, vou lhe dar uma magnífica notícia sobre algo que ocorrerá amanhã.*

— *Dos senhores só posso esperar novidades maravilhosas e estimulantes* — disse João comovido. — *Mas de que se trata?*

[12]

Um plano perfeito

—Temos um grupo espírita que se reúne alguns dias da semana — esclareceu Humberto —, e em uma dessas sessões lidamos com espíritos que, por alguma razão, precisam de ajuda, daquela que nós, embora pertencendo ao mundo material, podemos lhes proporcionar. Nós nos reunimos num local não muito distante desta casa. A boa notícia a que se referiu meu mentor é que você está convidado a participar do próximo encontro, que será amanhã à tarde.

— *Queria lhe comunicar* — interveio José — *que estou sempre ao lado do doutor Santos em todas as reuniões, portanto, também estarei com você durante todo o tempo, caso necessite de meu apoio. Se seu desejo é vir conosco, conte com nosso amparo. Esses encontros lhe servirão como aprendizagem, e neles você verá como se dão as relações entre encarnados e desencarnados e* muito especialmente poderá observar como funcionam os grupos que seguem a Doutrina Espírita.

— *Acho a ideia magnífica* — respondeu o jovem —, *embora sinta certo receio de que possa ficar impressionado com o que vou ver ou ouvir.*

— *Não resta dúvida sobre isso* — esclareceu o médico espiritual. — *A verdade é que, uma vez superada a cena do incidente com Marcelo e o modo como você reagiu diante do fato, penso que já esteja preparado para enfrentar essa nova etapa, que, a semelhança do que aconteceu com seu amigo, marcará um antes e um depois em seu trajeto como espírito.*

— *Nossa, doutor!* — disse João — *Já estou achando muito longa a espera até amanhã por causa da expectativa que ambos criaram em mim.*

— Não é para menos, amigo — disse o dono da casa. — Vejamos, já conversei com o irmão José, e ele está de acordo com o que vou lhe propor.

— *E de que se trata, senhores?*

— Preciso de sua colaboração — prosseguiu Humberto —, pois o que vou lhe pedir é extremamente importante. Há pouco você me dizia que tem dois objetivos valiosos nessa sua atual etapa de vida. O primeiro deles, como já foi demonstrado, não só foi eliminado, mas reorientado, pois passou de uma situação preocupante, em que o rancor e o ódio se haviam apoderado de você, a outra na qual soube intuir os meandros da história e de seus personagens. Você superou esse sentimento negativo que lhe pesava por meio da compreensão e do arrependimento, e pela libertação da carga maléfica que o consumia desde as profundezas de seu ser.

— *O senhor está certo, doutor. Nunca em minha vida me senti tão livre como quando aceitei a realidade do amor entre Marcelo e Elisa, abençoando sua união. Uma vez deixada para trás a tremenda confusão que me atormentava, e graças à sua ajuda, tudo ficou mais simples.*

— *Está lembrado do outro grande objetivo, querido irmão?* — perguntou José.

Intensas emoções tomaram conta do rapaz, quando lhe veio à mente a lembrança viva e terna de sua doce mãe. Imediatamente lhe veio à memória sua intenção de se comunicar com a querida Zilda para lhe fornecer detalhes sobre seu acidente e, acima de tudo, para lhe dizer que continuava a existir, apesar de tudo, embora ela não pudesse ver nem tocar seu filho caçula. Sua atitude se transformou em enorme expectativa, e ele se atreveu a dizer:

— *Perdoem-me, por instantes fiquei muito comovido, mas creio que o que os senhores pretendem me dizer é que existe uma possibilidade de eu entrar em contato com minha mãe. Estou certo ou não?*

— *Você não está enganado, João* — disse José. — *Como você bem disse, há uma probabilidade, mas nem mesmo nós podemos alterar o livre-arbítrio das pessoas. A ideia é que sua mãe compareça à reunião de amanhã para falar com você de vontade própria, mas precisamos estar preparados no caso de ela recusar. Vamos avaliar uma questão que pode ser crucial. Como sua mãe encara esses temas? Ela tem alguma crença espiritual?*

— Suponho que sim, doutor. Ela é uma mulher de fé, reza todos os dias, com certeza muitas das vezes para me ajudar. Acredita em Deus e em Jesus, sempre foi muito católica.

— Bem, já é algo, mas não basta — disse José.

— Desculpe-me, doutor, não entendi direito o que disse.

— Querido irmão — respondeu José —, às vezes, algumas ideias firmemente estabelecidas, mesmo sendo espirituais, podem interferir em nossos propósitos. O apego a certas convicções pode impedir a abertura a outras perspectivas, a outras visões da realidade. É preciso considerar que para ela pode ser brutal a simples ideia de que lhe seja oferecida uma comunicação com o filho falecido meses atrás. Por não entender e não fazer parte da sua forma de pensar, pode ser que recuse em coerência à sua crença.

— Compreendo, senhor. Minha mãe poderia até pensar que os senhores estariam lhe pregando uma peça ou inclusive zombando de sua dor. Apesar disso, e como a conheço bem, sei que é uma mulher bastante receptiva. É possível que no princípio possa ter algumas dúvidas, mas a possibilidade de se comunicar comigo terá muito peso diante de qualquer empecilho, por isso estou convencido de que ela assumirá o risco. De todo modo, será fundamental a maneira como os senhores vão explicar a ela, como lhe proporão a ideia. Uma mensagem tão transcendental e dessa natureza apresentada com seriedade pode ser eficaz. Intuo que é essencial que minha mãe tenha confiança na pessoa que lhe vai oferecer algo tão especial.

— Com respeito a isso — interveio Humberto —, você não precisa se preocupar. Tenho bastante experiência nessas questões, como verá, há anos venho lidando com elas. Minha condição de espírita é inseparável dessa estreita linha que une um plano e outro. Eu me encarregarei de conversar amanhã com sua mãe para lhe fazer a proposta. Vou precisar de sua ajuda, para que me fale dela e de sua relação com você. Em outras palavras, você terá que estar presente para dar total credibilidade à minha mensagem.

— *Naturalmente, prezado doutor. Conte com isso. Há muita coisa em jogo. Não sei se poderei controlar minhas emoções quando a vir. Para mim, é um momento decisivo. Procure imaginar a situação.*

— Pois você terá que controlar seus sentimentos nesses momentos — acrescentou o médico. — Ainda que envolva muita emoção, é preciso que você esteja sereno e com a mente desperta. Pense que essa será a melhor oportunidade para convencer Zilda a vir se encontrar conosco na reunião de amanhã.

— *De minha parte, estou à sua inteira disposição. Que mais posso dizer depois de uma sugestão tão maravilhosa? Isso me faz lembrar de meu tempo de criança, quando de repente ficava imensamente feliz com alguma coisa, fosse uma excursão ou uma festa de aniversário com os amigos do bairro. Naqueles momentos, eu me sentia a pessoa mais feliz do mundo. É assim que estou me sentindo agora. É uma sensação incrível... e muito maior em todos os sentidos. Não sei como lhes mostrar minha alegria.*

— *Isso é natural, rapaz* — acrescentou José. — *Só de levantar um pouco o véu misterioso do mundo espiritual, você já começa a sentir no íntimo uma satisfação incomensurável que o invade e lhe toma conta. É algo que não tem paralelo com o que acontece no mundo da carne, embora às vezes se tenha uns lampejos intuitivos, como você comentou, do que é o Reino dos Céus, como falava Jesus.*

— Há um detalhe interessante que preciso lhe adiantar — interveio Humberto. —Além de nós três e de sua mãe, se ela vier, outras pessoas estarão presentes na reunião. Há algumas presenças habituais que vão estar ausentes por diversas razões, mas amanhã você contará com a presença de Nélson, um de nossos doutrinadores, e de Cíntia, uma pessoa maravilhosa no trato com todos, inclusive de desencarnados, cuja assistência nos enche sempre de luz. Por último, você vai ter a oportunidade de conhecer um ser especial, a irmã Angélica, um espírito transbordante de luz e de conhecimentos. Ela é a mestra e dirigente de nosso grupo, e sem ela nada disso poderia ser realizado.

— *Uma pergunta, senhores* — disse o jovem. — *O que é um doutrinador e qual o exato papel que Angélica exerce em tudo isso?*

— *Vou lhe explicar em poucas palavras* — disse José. — *É trabalho do doutrinador orientar os espíritos desorientados que vêm a essas reuniões do plano imaterial. Cabe a ele fornecer informações suficientes tanto para consolar os espíritos quanto fazê-los compreender sobre sua nova situação, de que não pertencem ao mundo físico. Em outras palavras, Nélson se encarrega da função de instruir e esclarecer os espíritos confusos, de lhes dar a notícia de sua nova etapa na dimensão incorpórea, do mesmo modo como aconteceu com você. E cabe*

*a Cíntia oferecer todo o seu apoio emocional, exercendo mais
um trabalho de sustentação reparadora no aspecto psicológico.
Você deve levar em conta que os espíritos que nos procuram
não o fazem apenas em busca de informações sobre si mesmos,
mas também imploram compreensão e ajuda. Pode parecer uma
situação complicada, mas estamos preparados para enfrentá-la.
Não fosse assim, não nos dedicaríamos a esse tipo de tarefa
tão delicada. Por último, nossa querida Angélica dirige o
grupo com sua portentosa inteligência e sublime moral, ela
é a coordenadora de nossos trabalhos e, como sábia mentora,
estabelece os objetivos, designando as incumbências de cada
um dos membros do grupo.*

*— Deus meu! Que harmonia de tarefas distribuídas entre
todos. Suponho que o conjunto deva funcionar muito bem.*

— Obrigado por suas palavras, João — disse Humberto com um sorriso franco. — O trabalho realizado por todo o grupo é essencial. Veja que somos um elo entre ambas as dimensões. Essa atividade de esclarecimento de espíritos que tanto sofrem pela ignorância do que se passa com eles depois da morte física é fundamental. Acaba sendo um modo benéfico de manter vivos os laços entre os habitantes de ambos os planos. É claro que nossa dirigente já foi avisada por José de nossos propósitos e deu seu apoio à iniciativa. Se não tivesse sido assim, não teríamos lhe oferecido a possibilidade de assistir à reunião espírita. Isso funciona desse modo, caro amigo, a cada um de nós é atribuído um papel, e devemos cumpri-lo.

— *A verdade é que não tenho palavras* — manifestou-se João. — *É incrível a quantidade de aspectos que se sucedem em uma grande cidade como esta sem que tenhamos consciência disso. Ufa! Estou um pouco cansado depois das últimas horas de tantas aventuras. Se os senhores não se importarem, gostaria de sair para dar uma volta por aí e descansar minha mente depois de tanta novidade. Minha intuição me diz que devo me preparar interiormente para o vital encontro de amanhã com minha mãe. Para mim, além de singular, será extraordinário.*

— Você tem toda a razão, rapaz — respondeu o médico socorrista. — Se me permite, recomendo-lhe um lugar bem próximo daqui: a praia. Vai lhe fazer um bem enorme andar ou ficar perto do mar, ouvir seu som ou sentir seu cheiro. É para isso que você continua conservando seus sentidos espirituais. Você vai ver como suas energias se renovam. Lembre-se de que assim que amanhecer, à primeira hora, quero você aqui. Esteja pronto, pois teremos que ir até sua antiga casa para ter uma conversa transcendental com sua mãe.

— *Claro. Estarei aqui sem falta. Agora vou me retirar.*

Os dois médicos se despediram amistosamente de João, que exibiu um sorriso afável, de alguém esperançoso e feliz, com a expectativa de acontecimentos que haveriam de dar-lhe novo impulso a seu trajeto imorredouro. João saiu daquela casa, já associada a inapagáveis lembranças, e tomou a direção do mar, que o esperava com os sussurros incessantes das ondas que iam e vinham.

O tempo seguia seu curso enquanto o sol se punha diante de nosso personagem. Com o olhar fixo no horizonte além-mar, João mergulhava numa serena e profunda reflexão sobre os acontecimentos desde que, confuso, foi até sua casa após seu atropelamento, até o momento em que começou a receber as primeiras noções sobre a Doutrina Espírita. Sentado na areia, com os braços em volta das pernas dobradas e o queixo sobre os joelhos, recebia no rosto as carícias da brisa do entardecer quando ouviu à sua direita um grito, rompendo a tranquilidade daquele momento, em que o crepúsculo avançava.

— *Soldado João, soldado João!* — soou em meio ao rumor das ondas.

Nosso amigo não acreditava no que viam seus olhos. Diante dele, e correndo, lá estava a figura do conhecido general Eusébio Gonçalves, que se aproximava do rapaz gesticulando aflito, mas também alegre por tê-lo encontrado. Assim que o reconheceu, João se levantou, e os dois se abraçaram, emocionados.

— *Meu general! Mas que surpresa encontrá-lo aqui junto ao mar nesta tarde tranquila!*

— *Ah, é você, rapaz! Ainda bem que o localizei. Enfim, alguém conhecido e de confiança. Estava aflito e exausto diante de tanta solidão.*

— *Mas, por favor, se acalme, senhor! Convido-o a se sentar aqui neste retiro de paz, que é a paisagem da praia. Assim o senhor poderá me contar as últimas novidades.*

— *Sim, recruta, aceito seu gentil oferecimento* — respondeu o militar com um ar um pouco mais tranquilo. —

Embora pareça incrível, um superior às vezes precisa desabafar com um subordinado. Suponho que também vai querer me falar de você, mas não posso esperar mais. Desculpe-me, mas ou falo ou explodo.

— *Pois vá em frente, senhor, sou todo ouvidos.*

— *A verdade é que, depois que nos despedimos, as coisas se complicaram. E não precisamente por ter acontecido algo especial, mas simplesmente porque não aconteceu nada. Sabe, há anos vendo alistando pessoas para instruí-las adequadamente, a fim de que se acostumem ao ritmo e hábitos da milícia, enfim, para que se adaptem o quanto antes à sua nova etapa, com disciplina, de modo que saibam enfrentar os novos desafios a que venham se expor.*

— *Do mesmo modo como se passou comigo.*

— *Sim, claro* — continuou o militar. — *O problema é que, depois que você se foi, embora eu tenha procurado desesperadamente por todo lado novos recrutas a quem formar, foi impossível descobrir alguém mais. Tudo está paralisado, pois aqueles semelhanes a você, que pareciam ter o perfil indicado para serem treinados, fugiam de mim apavorados quando eu lhes dirigia a primeira palavra ou apenas os chamava. Não consigo entender por que, uma vez que antes não tinha dificuldades para encontrar novos candidatos para cumprir minha missão. A verdade é que ignoro completamente o motivo dessa deserção em massa. Isso me exaspera! Você não entende? A situação se tornou muito grave para mim. Sem recrutas para instruir, minha existência perde o sentido, fica abandonada e sem rumo, não sei a que me dedicar nem o que fazer, em que empregar meu tempo.*

— Realmente, trata-se de um problema sério. Se a pessoa fica sem objetivo, é natural que se aborreça, e a apatia não costuma levar a nada positivo, para ser sincero.

— Você tem toda a razão, rapaz. Estou abatido, e não encontro explicação para esse fenômeno, para essa falta de trabalho. Depois de tantos anos... um militar inativo! Imagina isso? Não é só ridículo como também preocupante. Definitivamente, confesso que estou em crise.

[13]

O passado de um homem solitário

— Creio que o compreendo, senhor Eusébio. Ponho-me em seu lugar, e deve ser uma situação muito angustiante. De todo modo, e se permite que eu opine, sempre tive a sensação de que tudo o que acontece tem um motivo. Esse pensamento vem me ocorrendo já há dias, devido às experiências pelas quais tenho passado desde que nos despedimos. Mas com relação ao que está acontecendo com o senhor, não será por falta de objetivos?

— Ei, não se faça de esperto — disse o militar. — Não estou entendendo bem. Como pode você me falar de algo que nem eu próprio chego a compreender?

— Senhor, com todo o respeito, o que lhe disse me veio do coração, foi como um golpe repentino de intuição. O que queria lhe dizer é, na vida, às vezes é preciso mudar de missão ou de projetos, e lhe digo isso pelo que vivenciei nesses dias.

— Confesso que isso que você comentou me dá raiva. Desculpe-me por meus modos, mas para mim não deixa de ser duro que um rapaz tão jovem como você me venha dar lições, contudo o certo é que o que acaba de me dizer me deixou bastante desconcertado.

— Senhor Eusébio, tenho que lhe agradecer por muitas coisas. Embora no início o senhor tenha me tratado rispidamente, devo reconhecer que a instrução que me proporcionou mais tarde me foi muito útil. Além disso, acertou em cheio quando, ao nos despedir, me preveniu sobre como agir no futuro. Jamais esquecerei seus bons conselhos. Talvez tenha chegado o momento em que eu possa fazer algo pelo senhor. Por que não? Digo isso com a mais absoluta humildade.

— Bem, soldado, aprecio sua visão e valorizo sua lealdade em relação ao comando. Depois de tudo, e embora soe triste, você é o único ser com quem posso falar agora. Lamentavelmente, não encontro ninguém mais com quem me relacionar. Isso é desanimador para um velho guerreiro como eu, agora sem objetivos a cumprir. Recruta, sinto-me cansado, desanimado, não me envergonho de admitir isso.

— O senhor não deve abaixar a cabeça por nada, senhor, essas são apenas contingências que temos de enfrentar. Olhe, eu confio muito nos sinais que recebemos e que a própria vida nos oferece. Eles estão aí por alguma razão, talvez para nos indicar que devemos mudar o passo ou a direção de nossos propósitos. Meu general, eu procuro no silêncio, ouço a minha voz interior, e ela me diz que este é o momento adequado para que o senhor mude de estágio. Com isso quero dizer que talvez seu tempo *como instrutor tenha terminado e o senhor deva começar a traçar outro plano.*

— *Como assim?* — perguntou com certo ímpeto o militar. — *Toda a minha vida foi voltada para a milícia. Não me vejo em outro contexto que não seja o habitual, o de sempre. Será que não entende? Sou incapaz de me imaginar fora do âmbito militar.*

— *Senhor, insisto. Digamos que o senhor tenha um negócio que lhe permite vender e ganhar para viver. Mas se os clientes deixam de aparecer, o seu negócio irá falir, e o senhor terá que pôr fim à atividade e se dedicar a outros assuntos para sobreviver.*

— *Caramba, recruta! Como se saiu tão bem com sua argumentação? O que aconteceu com você em minha ausência? Parece que andou frequentando algum curso na academia militar! Um fedelho inexperiente como você aconselhando um veterano de mil batalhas!*

Imediata e inesperadamente, Eusébio se virou até ficar de frente para o mar, extasiado ante a contemplação do belo horizonte. Algumas lágrimas, incompreensíveis em alguém com seu perfil, começaram a inundar seus olhos, um claro sinal de que as palavras de João haviam calado fundo na alma do vigoroso general. Com um leve sorriso, João deu umas palmadas nas costas daquele homem ensimesmado, avaliando com ansiedade o triste trajeto que havia percorrido nos últimos tempos.

— *Senhor, agora que desabafou comigo, quero lhe contar uma experiência pela qual passei depois de que nos separamos e que me marcou muito. Com todo o respeito, creio que o que vou lhe contar pode lhe ser útil em sua atual circunstância.*

— *Está bem, rapaz, sou todo ouvidos* — disse Gonçalves num tom sereno.

Envolvidos pelo crepúsculo que tingia o céu de alaranjado, João expôs em detalhes tudo o que lhe sucedera nos últimos tempos. Da sua infrutífera intenção de entrar na casa de Marcelo às consequências daquela festa na praça, o episódio do assalto a seu amigo, seu providencial encontro com o doutor Santos e José, seu mentor espiritual, assim como todos os fatos relacionados com o grupo espírita ao qual fora convidado a participar.

O militar continuava pasmo, encantado com a sucessão de acontecimentos que o jovem tivera de enfrentar. Dava a impressão de que o rapaz havia extraído um sábio ensinamento que lhe permitira reorientar seu presente e planejar novos objetivos, justamente o que o espírito Eusébio Gonçalves precisava naquele momento turvo.

— *Ânimo, excelência!* — exclamou nosso protagonista em tom decidido e otimista. — *O senhor teve a gentileza de me mostrar uma das faces desta dimensão em que nos movemos. O que fez por mim serviu para me despertar do pesadelo em que estava mergulhado, tão real que me negava a aceitá-lo. Tratava-se do pior dos sonhos: permanecer obcecado pela ideia de continuar num mundo a que já não pertencia. Agora pretendo lhe devolver esse grande favor. Aceite que eu fale com esses amigos sobre quem acabei de contar. São ótimas pessoas e não creio que se neguem a ajudá-lo. Fizeram isso comigo de todo o coração, e não será diferente com o senhor. A assistência deles lhe será muito útil; pense que ao menos poderão lhe esclarecer sobre o motivo de sua situação, o que deve fazer e para onde ir.*

— Está bem, rapaz. Você é um bom soldado, fiel a quem tanto lhe ensinou, embora isso seja parte de minhas obrigações militares. Mas vou lhe dizer uma coisa. Se notar nessas pessoas alguma coisa que não me agrade, vou me retirar. Estou muito aflito, mas como militar a dignidade é o último atributo que se pode perder. Não me rebaixarei nem vou tolerar humilhação.

— Senhor, realmente, não há razão para que pense assim. Só está falando desse modo por desconhecimento do que se trata. Se soubesse como eles são! Eles jamais lhe fariam mal, eu lhe garanto.

— Está bem, mas vou ficar alerta.

As duas entidades se levantaram da areia e passaram o resto da noite a passear por aquela bela e tranquila região, com a claridade da lua crescente iluminando seus passos, enquanto conversavam sobre assuntos espirituais.

Exatamente quando os primeiros raios de sol apontavam na cidade, elevando-se por trás do oceano, iluminando-o, o militar e nosso jovem personagem chegaram ao local que dava acesso à casa do médico socorrista, o doutor Santos. Não se passou muito tempo, e logo a figura de José aproximou-se deles.

— Bom dia, senhor — saudou-o João. — Como pode ver, venho acompanhado de um velho amigo. Espero que não se incomode, mas encontrei-o tão preocupado que o convenci a ter uma conversa com os senhores o quanto antes. Sinceramente, na situação em que se encontra, creio que lhe seria de grande ajuda.

— *Prezado João* — respondeu o médico —, *querer bem ao próximo jamais pode nos importunar. Realmente, já há bastante tempo estamos seguindo o rastro do sargento da artilharia Eusébio Gonçalves, desencarnado há uns cinquenta anos em plena ação.*

— *O que disse, senhor?* — perguntou o rapaz, surpreso pelo que havia dito José.

— *Não estranhe* — respondeu o médico com um leve sorriso. — *Parte de nossas incumbências é acompanhar espíritos, como o seu amigo, que permanecem durante um período considerável em estado de desorientação. Mas, em todo o caso, permita que antes eu prepare esse irmão.*

O médico tirou, sob a bata, o que parecia ser o registro de uma série de anotações. Ali mesmo, começou a ler em voz alta.

— *Como estava dizendo* — prosseguiu José —, *há quase meio século, Eusébio estava envolvido em algumas manobras militares que faziam parte de seu trabalho. Enquanto manipulava uns explosivos, uma falha no dispositivo provocou uma enorme explosão, causando sua morte física no ato. No momento do trágico acidente, tinha 52 anos de idade, era viúvo e não tinha nenhuma relação com seu único filho, dependente de drogas. O senhor Gonçalves havia estabelecido por toda a sua existência um forte vínculo com a vida militar, que solidificou-se a partir do desencarne de sua esposa, após longa enfermidade, e dos graves problemas causados pelo filho, que, oprimido pelo vício, abandonou a casa paterna assim que chegou à maioridade. Consta, inclusive, que ele se dedicava ao exército além de seus turnos regulares, sem retribuição, tanto por vocação* quanto por solidão. Nunca mais teve notícia do filho. Segundo consta no informe redigido pelo exército, o acidente que causou a morte física do sargento se deveu a um defeito no mecanismo de detonação do explosivo, razão pela qual ninguém foi responsabilizado. No exercício de suas funções havia recebido várias condecorações e diplomas por sua especial dedicação ao trabalho. Era considerado um dos melhores instrutores dos novatos que ingressavam na unidade. Ao que parece, a desintegração de seu corpo causou-lhe forte trauma, por isso durante muito tempo ficou rondando pelo quartel tentando se comunicar com os antigos companheiros, mas sem sucesso. Finalmente, ao entender sua situação e a fim de manter-se ativo em sua função, dedicou-se a treinar os espíritos de jovens recém-desencarnados, aos quais dava a entender sua nova situação por meio de uma aprendizagem muito peculiar, adaptada das antigas regras do exército. Mais recentemente, essa atividade ficou seriamente limitada, o que provocou nele nova tomada de consciência sobre seu atual estado e o surgimento de forte angústia ao tentar se aproximar de outros espíritos para resolver o tédio pelo qual está passando. Por ora, basta de atualização.

— Isso é incrível! — disse o jovem. — Nesse informe inclusive está refletido o ambiente de isolamento que circunda o senhor Eusébio no seu período mais recente.

— Caro João — disse José —, nesta dimensão realizamos um exaustivo controle de casos como o seu e o de nosso militar. É nossa incumbência, à qual não renunciamos, já que a assumimos livremente. Investimos todo o esforço no exame das variáveis que podem influenciar os irmãos afetados durante o período de transição entre a morte física e sua acomodação ao *plano espiritual. Lembre-se de que esse é nosso trabalho e, como tal, tentamos executá-lo com o máximo de esmero.*

Foi então que, em meio àquela conversa absorvente, ocorreu um fenômeno extraordinário. Eusébio Gonçalves, o outrora orgulhoso combatente de uniforme impecável e grande bigode, cujo porte marcial impressionava só com o olhar, ajoelhou-se diante do médico e, como uma criança, rompeu no choro; levou as mãos ao rosto, cobrindo os olhos.

— *José* — conseguiu dizer o sargento entre soluços que rapidamente se transformaram em secos gemidos —, *tantos anos se passaram, cumprindo o mesmo dever, que já não aguento mais. Primeiro, aquele período horrível, quando me custou muito admitir que aqueles restos de carne esparramados pelo monte eram meus. Foi tal a comoção que me assaltou por ter que reconhecer que já não pertencia ao meu regimento, que fiquei vagando pelo meu antigo quartel como se tivesse perdido a razão. Tal era a natureza de minha confusão, que perdi a noção dos dias e das noites. Eu, um especialista em artilharia, tive de suportar a violência de uma explosão que me desintegrou o corpo, mas também me abateu o ânimo, ao ponto de me enlouquecer. Essa cena horrível desfilou tantas vezes em minha imaginação que era uma tortura a mais em meu lamentável estado. Depois, quando esse filme de terror foi lentamente se afastando de minha mente, encontrei consolo na missão de mostrar aos outros o que havia acontecido comigo para preveni-los e evitar mais acidentes no futuro, mas sequer isso me foi concedido; ninguém parava para ouvir minhas explicações. Confesso que já cheguei ao limite. Meu sábio irmão, estou farto de perambular por esta esfera como um vagabundo que jamais encontra abrigo para se proteger das inclemências do destino. Faça alguma coisa, por favor, eu lhe suplico humildemente. Você deve saber que isso é um suplício para minha consciência. Nem sequer com este pobre rapaz tive motivação suficiente para prosseguir com minha velha incumbência. Agora estou mais só do que nunca, tampouco surgem em meus passeios novos recrutas para instruir... Sinto-me tão agoniado, tão cansado, tão exausto... Não tenho mais forças...*

Era tanto o sofrimento do militar, e tão decaído estava seu ânimo, que de tanto se agachar e curvar as costas, sua cabeça, a qual segurava com as mãos trêmulas, tocou o chão enquanto emitia fracos lamentos.

— *Levante-se, amigo!* — disse o médico enquanto o ajudava a se levantar. — *Seu choro é sinal inequívoco de que você precisa dar uma virada brusca em sua trajetória, até agora marcada pela estagnação. Mas isso não vai durar muito tempo. Confie nos desígnios divinos, irmão; ninguém fica desamparado por mais tempo do que pode suportar. Tenha coragem e muita fé. Vou lhe dizer com total sinceridade: se concordar em vir à reunião desta noite, da qual já deve ter sido devidamente informado por este jovem, garanto que lhe será dada uma oportunidade única de pôr fim à sua aflição e se abrir para um novo horizonte de possibilidades. Eusébio, você tem minha palavra. O que responde?*

— *Sim, com certeza* — afirmou Gonçalves com voz embargada. — *Eu acredito. O senhor é uma pessoa que inspira confiança, e isso na minha situação é essencial. Sabe de uma coisa? Vou retribuir sua gratidão comparecendo à reunião que vai se realizar neste local, como este fiel soldado já me antecipou. Só mais uma coisa, doutor. Pode me dar alguma informação sobre o paradeiro de minha mulher e de meu filho? Faz tanto tempo que não sei deles, que qualquer notícia que o senhor me der servirá para aliviar meu sofrimento e a pesada carga de incerteza que pesa em meus ombros... Eu lhe suplico.*

[14]

Preparação e desenvolvimento da reunião espírita

— *Não há por que implorar, irmão. Vou lhe dar a informação de que você tanto necessita. Não precisa se preocupar com eles. Os dois estão em boas mãos, embora seu filho precise ainda de muitos cuidados, devido ao modo lamentável como teve que sair da dimensão física. O farol que iluminava a vida de seu filho se apagou com o temporal que foi a saída de sua mãe do plano terreno. Saiba que ele, empenhado em romper com seu próprio passado e esquecer a sombra de seu pai, abriu-se a novos horizontes depois de abandonar sua casa; porém, a única coisa que conseguiu foi se ligar do pior modo a pessoas com as quais compartilhava uma motivação das mais funestas: o desejo de fugir da realidade e de suas responsabilidades. Escondeu o mais fundo que podia sua necessidade de progredir e, para calar a voz de sua consciência, sempre ativa, distorceu suas percepções, associando-se a pessoas com as mesmas tendências deploráveis que ele. Inúmeras vezes batemos à porta de sua alma para que se recuperasse, que saísse do isolamento, mas em vão. Uma tarde foi além dos limites de resistência de seu organismo e, em meio à mais irresponsável atitude, por uma overdose de substâncias tóxicas abandonou seu triste trajeto por este planeta. Posso lhe assegurar que até o dia de hoje ainda não se recuperou completamente dessa atitude tão macabra. Mas ele está sendo tratado por irmãos especialistas nesse tipo de caso, que seguramente farão um competente trabalho de esclarecimento com seu filho. Saiba que a misericórdia do Pai, sempre solícita com nossas necessidades, permitirá que ele receba das alturas novas oportunidades de retomar seu caminho numa conjuntura em que por sua vontade e trabalho possa evoluir. Quanto à sua esposa, senhor Gonçalves, para ela só tenho palavras elogiosas, uma vez que dedicou quase todo o seu tempo à espiritualidade, a acompanhar e a se ocupar do filho que vocês compartilharam quando encarnados. O pacto de sua esposa com o filho era tamanho, que, uma vez que a vida física dela foi insuficiente para completar esse compromisso devido à doença que a vitimara, pediu-nos, com toda a humildade assim que se juntou a nós, para prosseguir em seu bendito encargo, um nobre desejo que lhe foi concedido. Nessa digna tarefa, ela continua percorrendo seu caminho de progresso, algo a que todos somos chamados, qualquer que seja a dimensão em que vivemos. O amigo há de saber que aqui os vínculos de afeto gerados são muito mais amplos e intensos que no limitado plano terreno em que os seres encarnados se movem. Já não importam tanto os antigos laços de consanguinidade, mas sim o dever sincero de amor ao próximo, nesse caso aos irmãos que precisam da ajuda de seres que, por sua livre entrega e pelo percurso já transitado, manifestam total disposição para exercer um desinteressado trabalho de tutela. Os nós corporais se diluem, mas são envolvidos por outros mais amplos e fortes, que são aqueles que provêm do imaterial. São esses que sobrevivem à morte. Ela é, em todos os sentidos, um bom espírito, sustentado pela reta intenção de praticar o bem. Creio que, com isso, tudo foi dito. Não tenha a menor dúvida de que cedo ou tarde você poderá entrar em contato com eles e estreitá-los num abraço de amor imorredouro. Ânimo, Eusébio, eleve o olhar para o céu, pois lhe prevejo um futuro esplendoroso, distante da triste situação pela qual tem passado ultimamente.*

— *Obrigado, obrigado, doutor...* — conseguiu balbuciar o militar, apoiando-se no braço de João para se levantar. — *Asseguro-lhe que serei eternamente grato por essa informação que veio acalmar minha alma.*

— *Fique tranquilo, querido amigo* — acrescentou o médico. — *Quem sabe algum dia você chegará à mesma situação e então terá consciência da felicidade que é cumprir o dever com um irmão. Agora, se achar oportuno, pode acompanhar Humberto e seu "recruta" à casa de Zilda, sua mãe. Assim você ocupará seu tempo de forma proveitosa e poderá refletir sobre tudo o que tiver oportunidade de ver.*

— *Farei isso, e que Deus o abençoe* — concluiu o sargento.

Passados alguns instantes, após a devida apresentação do militar ao dono da casa, o médico socorrista entrou em seu carro acompanhado de dois personagens já velhos conhecidos nossos, Eusébio Gonçalves e João, e seguiram para a casa da mãe do rapaz. Aproximando-se do interfone na entrada do edifício, o médico acionou o interfone.

— Pois não — atendeu uma voz feminina.

— Bom dia, senhora! Sou o doutor Santos, pertencente ao serviço de pronto-socorro do Hospital Central. Tenho novidade sobre o atendimento dado a seu filho João, falecido há alguns meses num lamentável acidente de trânsito. Tomei a decisão de vir à sua casa porque queria lhe dar a notícia em primeiro lugar. É possível?

— Novidade? Depois de tanto tempo? Tudo bem, pode subir, estarei à sua espera.

Com a respiração acelerada por causa da triste notícia da qual se lembrava várias vezes ao dia, abriu a porta para o desconhecido visitante.

— A senhora deve ser Zilda, não? — perguntou o médico enquanto lhe apresentava seus documentos.

— Claro, sou eu. Suponho que meu nome deve figurar em toda essa documentação.

— De fato, senhora, constam os dados de seu filho e também os de sua família. Poderíamos nos sentar, por favor?

— Sim, claro, acomode-se.

— Na verdade — continuou Humberto —, vou ser muito claro, porque em situações como esta gosto de ser direto. Além de me dedicar à medicina, sou médium. Sabe a que me refiro? Não sei se a senhora tem conhecimento disso, mas a verdade é que consegui entrar em contato com seu filho. Digo-lhe isso com toda a seriedade de que sou capaz. Se quiser conversar com

João, vá à noite a este endereço, onde poderá se comunicar com ele. Confio em que, como mãe, a senhora terá muito gosto em fazer esse contato.

Em seguida, Humberto entregou à mulher um cartão de visita com dados sobre o local onde eram realizadas as reuniões espíritas. Ela se levantou da poltrona instintivamente e com lágrimas nos olhos disse:

— O senhor pretende que acredite na primeira pessoa que vem a minha casa para me dizer que falou com meu João? Se isso é uma brincadeira, saiba que é de péssimo gosto e muito cruel para uma pessoa como eu, que perdeu o filho mais novo, que fazia a melhor das companhias em minha solidão. Sabe? Sou viúva há muito tempo, e meus outros meninos já têm idade suficiente e organizaram suas vidas em seus próprios lares. Se não tem mais nada a acrescentar, peço-lhe que se vá de minha casa e me deixe sozinha com minha dor, que é grande.

— É evidente que a compreendo, dona Zilda. Sua reação não só é compreensível como também lógica. Tenho consciência de que a primeira coisa que as pessoas que ignoram a possibilidade de contato com seus entes queridos pensam é que estão sendo vítimas de uma fraude. Além disso, não nego que haja gente malvada e desonesta que se aproveita desse tipo de circunstância e da dor alheia para inclusive obter algum tipo de ganho material, mas não se trata disso. Devo lhe informar que foi precisamente ele, João, que insistiu muito em fazer contato com a senhora. Para que acredite em mim, se me permite, vou lhe demonstrar isso. Depois a senhora, com inteira liberdade, tomará a decisão que considerar a mais conveniente. Só me dê a oportunidade de convencê-la pelos fatos, não por simples conjecturas.

Alguns segundo depois de angustiosa incerteza, Zilda, já mais serena, mas ainda confusa pelo discurso do doutor, voltou a se sentar. Numa tática já preparada de antemão com as melhores intenções, o médico começou a relatar os episódios principais da vida do rapaz, de traços essenciais a detalhes que eram conhecidos somente por mãe e filho. Como essas informações já haviam sido reveladas antes por João, a assombrada mulher só confirmava com a cabeça tudo o que lhe chegava aos ouvidos, enquanto uma profusão de lágrimas purificadoras a obrigavam a tirar do bolso um lenço para secá-las.

Enquanto isso, o militar se mantinha atônito diante da conversa entre os dois encarnados. Ao lado dela, o jovem a contemplava com olhar suave enquanto lhe acariciava os cabelos em sublime sinal do amor de um bom filho por sua mãe. Embora tentasse controlar suas fortes emoções diante do que estava observando, houve um momento em que teve de se separar da mãe alguns metros para chorar no âmago de seu ser silencioso. No entanto, tinha consciência de que no seu íntimo o que sentia eram soluços de pura alegria, pois conseguira atingir seu grande objetivo: ver sua mãe, senti-la bem de perto.

Cerca de uma hora após o início daquela conversa, foi curioso ver como Humberto se despedia da sensibilizada senhora com um inusitado abraço, um gesto natural gerado pela confiança que nascera espontaneamente entre duas criaturas que nem se conheciam. Para facilitar as coisas, o médico se comprometeu a enviar um táxi para buscá-la e levá-la na hora acertada ao local onde se realizaria a ansiada reunião.

Já era meio-dia quando o médico, acompanhado do militar e do rapaz, atravessaram com ar radiante a grande porta de entrada do edifício pela qual haviam passado pouco antes entre dúvidas e incertezas de João quanto ao que ia acontecer. Agora tudo era satisfação e sobretudo esperança, diante dos acontecimentos necessários que nossos protagonistas incorpóreos iriam enfrentar em questão de minutos.

Às oito da noite em ponto, o doutor Santos tirou do bolso uma chave e abriu a casa onde se reuniriam os membros do grupo espírita. Dele faziam parte: Humberto, nosso médico socorrista; Nélson, grande conhecedor da filosofia espírita e doutrinador; Cíntia, a mulher que dava todo o apoio emocional e sua energia às entidades imateriais; e, por último, muito inquieta, Zilda, que fora aconselhada pelo médico a permanecer tranquila e apenas se deixar levar pela intuição diante dos acontecimentos que se desenrolassem diante de seus olhos. Do lado "invisível", faziam parte Eusébio Gonçalves, João e o eminente doutor José. Depois de acomodados os diferentes personagens ali presentes, entrou no aposento uma luminosa figura de mulher com aparência de meia-idade, vestida com uma longa túnica azul a lhe cobrir os pés, que foi envolvendo com um gesto profundamente afetuoso o médico espiritual, o sargento e nosso jovem personagem. Tratava-se da excelsa Angélica, que se posicionou ao lado de Humberto para acompanhá-lo ao longo da reunião.

— Caros irmãos — disse o doutor Santos, abrindo a sessão —, estamos aqui reunidos hoje para dar apoio a dois espíritos que por diversas razões estão precisando de nossa ajuda. Hoje esta sessão fugirá um pouco de sua programação habitual, uma vez que nossos dois irmãos já estão até certo ponto inteirados de sua situação e não estão tão confusos quanto outros que nos visitam em estado de profunda perturbação. No entanto, isso não impede que os auxiliemos naquilo que a partir de agora irá constituir seu novo caminho. Chamamos aqui a esta hora da tarde Eusébio Gonçalves.

O militar se colocou ao lado da figura do médico e médium, por cuja boca iria se expressar.

— *Apesar de estar bastante nervoso, dadas as circunstâncias, espero poder me expressar com clareza suficiente para ser entendido por esta ilustre assembleia na qual só vejo nobres almas, que com sua grandeza só fazem me sentir muito pequeno. Durante minha última existência, malograda ao que parece há meio século, fui uma pessoa devotada ao exército, pois, como os senhores podem comprovar por meus trajes, sentia por ele verdadeira paixão. Como sargento da divisão de artilharia, minha missão era adestrar os novos jovens que, já como soldados, tinham que prestar serviço em meu regimento. Embora me sentisse feliz com minha incumbência, a vida me atingiu com dois golpes que a duras penas consegui suportar. Primeiro foi* o trágico falecimento de Teresinha, minha esposa, vítima de séria doença, deixando-me desequilibrado, já que ela era o principal esteio em que me apoiava. Segundo, embora tivesse posto todas as minhas esperanças em nosso único filho, que mal chegando à adolescência ficara sem a mãe, declaro aqui que minha relação com ele foi um completo fracasso. Por um lado, não tinha ânimo suficiente para assumir a enorme tarefa de cuidar de um garoto que em idade tão delicada vira se extinguir a única luz que podia guiá-lo na vida, sua mãe. Por outro, os desvios de conduta e as tendências negativas que observei nele assim que entrou na juventude fizeram que minha tarefa como pai tomasse o rumo de uma ladeira íngreme, impossível de enfrentar com minhas parcas forças. Não me importo de confessar aos senhores que meu trabalho como militar me satisfazia mais do que o constante desafio de um jovem que o tempo todo punha em cheque minha autoridade como pai. Todo esse acúmulo de carga culminou no maldito acidente que despedaçou meu corpo durante manobras militares e me causou uma perturbação tão forte que levei muito tempo para superar. Quando, depois de muito esforço e sacrifício, comecei a entender que devia me desligar do mundo físico e de minhas deprimentes lembranças, passei a me dedicar, seguindo minha vocação, a instruir outros soldados, no caso aqueles seres que, por alguma razão, como eu no início, não conseguiam admitir que haviam se desprendido de suas vestes carnais. No entanto, e sem pretender julgar minha trajetória até agora, estou aqui em busca de ajuda e conselho de pessoas como os senhores, que com certeza saberão me orientar.

— Eusébio — interveio Nelson —, é verdade que às vezes a vida nos comove com golpes tão duros que nos fazem propor a nós mesmos uma série de questões e inclusive duvidar dos planos divinos a nós destinados. Mas uma coisa é cambalear devido a uma paulada, e outra, bem diferente, é afundar no lamaçal das lamentações. É por isso que se diz que o que realmente importa não é cair, mas como todos aqui presentes sabemos é, em seguida, levantar. Nossa sina nesta vida é a luta, a aprendizagem, a superação de desafios. Para isso fomos criados, querido irmão, pois só por meio dos desafios é que o ser humano avança rumo a seu progresso. A rota é longa, ninguém o nega, tem muitos vaivéns e curvas, mas cedo ou tarde encontramos amplas e retas avenidas por onde podemos acelerar nossa subida. Estou certo de que, a partir de agora, uma venturosa travessia lhe permitirá aumentar a velocidade do veículo que o conduz, o qual não é outro senão seu próprio espírito, que vai estar desejoso de contemplar novos cenários e realizar outras missões nas quais você possa demonstrar seu valor e os talentos que como espírito em crescimento possui.

— Prezado companheiro de viagem — acrescentou Cíntia —, gostaria de perguntar como você se sente nesses momentos tão importantes. A que conclusões chegou nesta recente etapa que lhe coube viver?

[15]

Sublime encontro

— *S*em pretender me enganar mais — respondeu o sargento —, *como às vezes eu fazia no passado para aliviar minhas tensões, meus sentimentos são contraditórios. Reconheço que estou triste, é como experimentar a sensação de não ter aproveitado bem o tempo. Se eu tivesse empregado metade da dedicação e esforço que investi no exército no cuidado com minha esposa e se tivesse dado mais atenção e tentado corrigir os maus hábitos de meu filho, talvez tudo teria sido diferente. Admito que na questão familiar, tão vital para o ser humano, poderia ter agido com mais interesse e ter estado mais presente. Creio que por perder minha mulher, devido a uma horrível doença, e meu filho, por causa das malditas drogas, joguei a toalha muito cedo. Só com o passar do tempo fui tomando consciência de que a indolência estava causando mortes perto de mim, daqueles a quem eu devia dar mais valor. Ai, Deus meu! Quantas vezes aquela voz interior que todos possuímos me avisou de meus erros* *e descaso, já que eu não fazia nada para mudar velhos hábitos e minha conduta negligente. Só o correr do tempo dissipou as pesadas nuvens que se acumularam. Acabei sendo vítima de minhas amalucadas proposições; mas as responsabilidades de uma pessoa não podem ser atribuídas a ninguém mais senão a ela própria. A gente vai plantando a cada dia pequenas sementes de indiferença pela vida e acaba colhendo o fruto amargo da insensibilidade. Ah, queridos irmãos, se tivesse me comprometido mais com os que estavam próximos a mim e não tivesse me empenhado tanto no trabalho! A existência não colocou essas pessoas tão próximas a mim por casualidade, mas por razões primordiais que só com os anos comecei a apreciar em sua justa medida. Embora me custe admitir isso diante de tão digna assembleia, ainda mais por minha condição de militar, eu me comportei como um covarde diante de certas situações íntimas. Quantas vezes dissimulei os problemas domésticos em vez de enfrentá-los, deixando de fazer uso dessa valentia que me sobrava quando pisava pelas manhãs no quartel. A melancolia e a pena se abatem sobre mim, pois sinto verdadeiramente que deixei as coisas pela metade; embora pareça um tanto firme, não me perdoo. Em minha biografia atribuíram-me uma série de qualidades, as quais investi apenas na carreira militar, mas as outras, que devia ter posto em prática na família, guardei debaixo da terra, e elas ali apodreceram, devoradas pelos vermes de minhas próprias fraquezas. No íntimo, guardo esse ressentimento, esse peso na consciência por não ter estado mais próximo dos meus, pois o afeto também é demonstrado no dia a dia. Amigos, a balança de minha atuação ficou desequilibrada, pois só tinha como alvo meu regimento e não os seres que me rodeavam. Estou em débito com eles, minha esposa e meu filho; minha dívida é tamanha que não sei se algum dia conseguirei saldá-la. Talvez por esse motivo esteja aqui, depois de ficar enfastiado com o que vinha fazendo havia anos, mesmo sem suporte físico. E, no entanto, mesmo percebendo que estou abatido e pesaroso, sinto--me afortunado por ter conhecido este rapaz, um soldado que acabou me instruindo e a quem já não considero um simples recruta, mas um amigo que serviu de ponte para que eu chegasse até aqui diante dos senhores. Daí vem a ambivalência de que lhes falava no início, pois, apesar de minha desolação, o simples fato de vir aqui e estar presente nesta reunião me faz conceber no íntimo de meu ser a mais auspiciosa das esperanças. É esse o pressentimento que tenho.*

— Bem, Eusébio — interveio Cíntia — com o que disse, tirou de minha boca muito do que eu pretendia lhe transmitir. Você próprio descreveu o problema, assim como mencionou as bases para sua solução. Fico muito contente por você. Querido irmão, você há de entender que o sofrimento e a tristeza são em muitos casos um prenúncio de novos desafios. Se o ser humano permanecesse adormecido em sua própria satisfação, não encontraria motivação nem estímulo para avançar no caminho de sua evolução. E o Criador nos colocou nessa encruzilhada justamente para que possamos progredir, e não para que fiquemos acomodados. Se não fosse isso, para que serviria o anseio da criança para começar a andar e explorar o mundo com suas próprias pernas? Só quando sentimos em nosso interior a dor é que começam os questionamentos sobre a situação a que chegamos.

Este mundo físico em que nos desenvolvemos está cheio de provas que tão somente impulsionam nosso crescimento. Se esses desafios, que muitas vezes nos causam intenso sofrimento, não existissem, esteja certo de que cairíamos na mais angustiante inércia. Deste plano diferente do seu em que temporariamente me encontro, mas com os mesmos objetivos de ascensão, empenho-lhe minha mais absoluta solidariedade e, acima de tudo, convido-o a abraçar com renovado ânimo os novos acontecimentos, que a partir deste instante vão surgir diante de você. Asseguro-lhe que a mesma tarefa de tomada de consciência que você executou já é uma conquista importante, pois quantos irmãos passam séculos refletindo sobre o sentido de sua vida e do que fizeram até esse momento. Não se pode enfrentar uma cirurgia sem antes saber de que doença se trata, que mal se deve eliminar. Sob esse aspecto, você já deu o primeiro passo. Eusébio, nunca duvide de que, apesar do peso do sofrimento, Deus nunca nos impõe uma carga maior do que a que podemos carregar. Esse é um princípio válido que é preciso levar em conta em todo o seu significado. Se não fosse assim, o plano divino traçado por Deus para este mundo seria um absurdo, pois tenderia a fazer que seus próprios ocupantes afundassem no barro. E com relação à sua percepção negativa por não ter dedicado mais tempo à sua família, você tem toda a razão, ao citar antes de forma indireta o sublime ensinamento do Mestre Jesus na parábola dos talentos. Ao longo da vida, cada um de nós tem mais inclinação para uma coisa do que para outra, já que cada ser evolui num ritmo diferente e em áreas distintas. Porém, não há sensação mais angustiante do que pensar que não conseguimos desenvolver todo o nosso potencial. O Pai nos propõe uma rota muito clara. Ele nos doa seu amor, e nós devemos entregá-lo àqueles que estão à nossa volta. Não é possível executar essa tarefa pela metade, se não quisermos sentir a incômoda agulhada em nosso coração. Esteja certo, Eusébio, que a sensação de vazio que experimentamos é proporcional ao tempo de afeto que deixamos de dar ao outro. É um argumento tão simples em sua formulação quanto completo em seus efeitos.

— *Senhora* — disse o militar —, *reconheço-me inteiramente em sua mensagem. O que mais posso dizer? Quando se aceitam os próprios erros, a pessoa se sente liberada para aspirar a novas missões nas quais possa realmente desenvolver todas as suas qualidades; qualidades que, às vezes, são aplicadas apenas pela metade, com as consequências que todos conhecemos.*

Instantaneamente fez-se silêncio. Terminada a apresentação, o militar se afastou alguns metros do médico que exercia a função de médium. Nesse momento, Angélica, a dirigente da sessão, tomou a palavra por intermédio da fala de Humberto:

— *Queridos irmãos de um e outro plano: como sabem, o Criador não desampara nenhum de seus filhos. Sabemos que somos meros instrumentos de sua maravilhosa inteligência para cumprir seus desígnios. Neste caso a que nos dedicamos, que se refere ao senhor Eusébio Gonçalves, as altas esferas que nos observam com ternura e atenção tiveram por bem enviar para cá, a este local de reunião e trabalho, três de seus emissários com o único objetivo de acolher este irmão e dar-lhe um novo destino.*

Assim que Angélica concluiu sua fala, três entidades vestindo uniforme militar de gala tornaram-se visíveis em torno da mesa. O que aparentava ser o mais velho usava uma jaqueta verde. Aproximou-se de Humberto e começou a falar:

— *Estimados irmãos: em primeiro lugar, vou me apresentar. Sou o general[1] Andrade e me acompanham o almirante Ferreira e o general Silva. Oferecemo-lhes nosso mais sincero apoio por todo o trabalho que os senhores estão realizando. Em nome de meus companheiros, assim como daqueles em nome de quem viemos, todas as bênçãos para que continuem com essa enorme tarefa, sempre necessária e apreciada, já que são inúmeros os espíritos que precisam de sua ajuda e dedicação para superar os fortes traumas que passam a enfrentar após serem despojados de seu envoltório orgânico. O motivo de nosso deslocamento para cá não é outro senão convidar o sargento Eusébio Gonçalves, nosso companheiro de profissão, pelos méritos que conquistou, a deslocar-se conosco até o Estado Maior de onde procedemos, onde lhe serão designados novos e sugestivos objetivos com que se ocupar. O que acha o senhor do que lhe estamos oferecendo?*

Gonçalves não acreditava no que viam seus olhos. Toda a hierarquia militar ali diante dele, convidando-o

---

1. Entendemos que no plano espiritual não há necessidade de patentes, pois cargos são conquistados pela moral e conhecimento adquiridos. Porém, para um melhor entendimento de Eusébio, que estava sendo resgatado, foram chamados espíritos que tiveram em existências passadas históricos militares.

a fazer uma maravilhosa viagem, ao término da qual seria encarregado de novas missões condizentes com sua categoria pessoal.

— *A suas ordens, meu general* — conseguiu dizer Eusébio, enquanto se perfilava e saudava os superiores. — *Será para mim uma honra acompanhá-los e, naturalmente, aceito o compromisso. Estou convencido de que os senhores saberão olhar pelos interesses da pátria e pelos meus, destinando-me a um lugar onde eu possa desempenhar minhas funções a contento.*

Após o típico ritual militar de saudações entre os quatro uniformizados, um Gonçalves muito emocionado entendeu que chegara o momento das despedidas. Com muito carinho, estendeu a mão, dirigiu um doce sorriso a Humberto, inclinou-se ligeira e respeitosamente diante de Angélica e, por último, trocou um forte abraço com João.

— *Rapaz* — disse emocionado o sargento —, *hoje me despeço de você, embora talvez um dia voltemos a nos encontrar. Ontem você superou sua condição de recruta ao me mostrar com carinho e apreço o caminho até esta bendita reunião, que tanto benefício me trouxe. Não tenho palavras para agradecer o que você fez, e sua imagem como último soldado a quem adestrei aqui permanecerá inesquecível em minhas lembranças. João, vou deixá-lo! Boa sorte! Esses senhores me esperam.*

Depois de se colocar um metro e meio à frente do jovem, o sargento levou a mão direita com o braço perfeitamente alinhado à frente para fazer continência, a típica saudação militar, em sinal de respeito e admiração pelo rapaz. Depois, fixando nele por alguns segundos um olhar vibrante, saiu da sala com as demais autoridades militares.

Após uns instantes de intenso choque emocional, o doutor Santos voltou a tomar a palavra:

— Retomando o que estava dizendo a vocês, o segundo e último espírito que nos acompanha nesta reunião é o de um jovem chamado João. Ele desencarnou há apenas poucos meses, era estudante e estava cursando o Ensino Médio, já se aproximando para entrar na universidade. Seu desencarne se deu devido aos graves ferimentos que sofreu na cabeça após ser atropelado numa das avenidas desta cidade. Ele já foi informado sobre quem somos e a que nos dedicamos. Não se trata de um espírito tomado pela confusão como outros que nos visitam. A razão principal de sua estada entre nós é a preparação de sua partida, mas antes disso, e por seu desejo expresso, ele anseia conversar com sua mãe para cumprir a promessa mais importante que fez a si mesmo assim que cruzou o umbral entre os dois planos: o de fazer contato com nossa convidada de hoje, Zilda, para lhe mostrar como ele está. Quando quiser, amigo.

Nosso personagem principal então se aproximou da figura do doutor para fazer a comunicação. Os olhos e ouvidos da mãe, mais atentos do que nunca, embora ela não soubesse para o que olhar e de onde viria o som, procuravam não perder nenhum detalhe do que pudesse acontecer. A palpitação que sentia era uma clara amostra de que nunca antes em sua vida, exceto quando soube da morte do filho, havia ficado tão agitada quanto naquele momento sublime vivido no centro espírita.

— *Mamãe, mamãe! Como você está? Embora você possa estar se sentindo confusa pelo inusitado da situação, não tenha nenhuma dúvida. Sou seu pequeno João, seu filho de toda a vida. Perdoe-me por não estar me expressando tão bem como deveria, mas estou tão emocionado que é como se estivesse me desfazendo por dentro. Tenho que fazer um esforço muito grande para me controlar, para que este veículo vivo de expressão que me ofereceram seja útil a meu propósito. Se você soubesse quanto desejei que chegasse esse momento!... Só quero lhe demonstrar com minha mensagem que todas essas coisas que se comentam do Além e sobre continuar vivendo depois da morte são tão certas quanto o fato de que agora estou contemplando-a. Você também está comprovando, mamãe, por isso lhe peço que a partir desta tarde e para sempre afaste de si qualquer incerteza. Sou eu, o menino que para sua surpresa chegou alguns dias antes do parto. Continuo sentindo por você o mesmo amor de quando a abraçava todas as manhãs antes de ir para a escola ou quando você preparava minhas sobremesas favoritas e eu a beijava com toda a doçura que merecia. Como meus irmãos eram bem mais velhos que eu, você se dedicou de corpo e alma a mim. Ai, mamãe Zilda, não encontro palavras para fazer chegar até você o que de verdade sinto e percebo em relação a você. Que pobre é a linguagem neste momento tão elevado. O agradecimento que lhe devo por tudo o que você me deu, por cuidar de mim com tanto desvelo, por me dar uma boa educação e fazer de mim uma pessoa de bem, tudo isso não foi* estéril, pois frutificou, e hoje me sinto o ser mais ditoso do mundo. Cumpri meu juramento de me reunir com você.

Após uma pausa, emocionado, João continuou:

— Não pense que isso foi fácil. No início, foi um sacrifício enorme admitir o que havia acontecido comigo, mas, ainda que tenha sido difícil de acreditar, agora sei que nossos dias estão contados e que não é possível acrescentar nem um único segundo ao instante da partida. No entanto, apesar de desencarnar, só mudei de bairro, de vizinhos e até de vestuário, pois o que usava já não me serve. Mamãe, somos imortais, o que mudou foi apenas o cenário de minhas atuações. Como vê, continuo vivendo, e minha inteligência e meus sentimentos continuam hoje mais ativos do que nunca, de acordo com as leis aqui vigentes. Mudou o cenário e a obra a representar, mas o ator continua o mesmo, um filho que reconhece os méritos de sua querida mãe. Ao lado desse homem que você ouviu há pouco, Eusébio, tive a oportunidade de tomar consciência de uma nova realidade. Foi muito difícil no começo. Quanto mais resistia a aceitá-la, mais amarga se tornava a tristeza em meu íntimo, até que num dia celestial me foi dada a oportunidade de conhecer este doutor por cuja boca estou falando. Ele explicou minha situação de um ponto de vista mais técnico, e foi aí que entendi que, apesar de já não pertencer ao plano material, eu posso continuar me surpreendendo com coisas que vejo e mensagens que ouço; que, se eu quiser, posso continuar estudando como fazia antes, quando vivíamos sob o mesmo teto; e, principalmente, se eu quiser, posso continuar amando. Esse é o verdadeiro motor que move o universo e a todos nós, que permite que eu continue amando-a, assim como a amarei sempre onde quer que estejamos. Esse é o mais sublime ensinamento que trago comigo. Não há limites para o amor, mamãe, é tão somente nossa vontade que determina o alcance de nossos afetos. E hoje, eu, liberado do pesado jugo que supunha ter por não me reconhecer como habitante de uma nova cidade, desejo manifestar, do fundo do meu ser, meu carinho mais sincero e, principalmente, lhe dizer que não se preocupe mais comigo. Que suas lágrimas sejam de alegria, de felicidade, porque seu filho caçula se libertou das amarras que o mantinham preso a um passado de juventude a que já não tem acesso. E, no entanto, você agora sabe, tenho toda a vida pela frente, cheia de novos desafios à minha espera, mas que já não me assustam porque me sinto preparado. A imensa força e esperança que me move faz que me sinta interiormente o ser mais otimista da Terra. Mãe, é meu futuro, ele só pertence a mim. Embora não possa palpar minha carne, porque já a abandonei, continuo com meu sentimento e pensamento em você, mamãe. Só espero que quando sair desta sala leve consigo a felicidade de ter percebido em si mesma a intrínseca imortalidade da existência. Os laços de amor que estabelecemos quando você me trouxe ao mundo jamais vão se desfazer, porque estamos destinados a nos amar e a nos respeitar bem além do tempo e das distâncias que nos separam.

[16]

Desenlace

—Filho! Meu filho! Não encontro palavras. Estou perturbada e ao mesmo tempo tão feliz! Sofri tanto quando o perdi que achei que ia enlouquecer, mas são tantos os golpes da vida, que a gente acaba ficando dura... Mas no fundo não consigo. Sinto agora por você o mesmo afeto daquele dia em que o médico o colocou, recém-nascido, sobre meu peito. Sinto que você está bem, que tem fé em melhorar, em continuar sua rota, e diante disso uma mãe só pode dizer: adiante, João! Siga seu caminho! Cedo ou tarde você ia voar do ninho, e, embora agora tenha que me conformar de tê-lo só na memória junto com a lembrança de seus abraços, estou me sentindo bem por você; eu o conheço e sei que o que ouvi de você vem de seu coração livre, de um jovem que teve arrebatada a força física, mas não a esperança. Depois do que aconteceu, nada será igual, filho. Eu me rebelava pelo que lhe havia acontecido, que considerava uma grande injustiça, e a dor que senti durante esses meses era como uma horrível ferida aberta que não cicatrizava. Creia-me, isso me causou um ressentimento até contra os desígnios do próprio Deus, tal era minha dor e desolação. No entanto, nesta mesma manhã, e também aqui neste local, compreendi que estava totalmente enganada, pois pensar que nossa alma segue seu voo depois da morte não é a mesma coisa que ver isso diretamente, como estou fazendo agora. Já sei que nosso amado Jesus falou da felicidade daqueles que acreditavam sem ter visto. Mas eu, meu filho, ainda não havia chegado a esse nível a que se referiu o Mestre, por isso sofri tanto com sua partida. Dou graças ao Pai por ter-me concedido essa rara oportunidade, que agradecerei por toda a vida. Jamais o esquecerei, meu querido. Só peço a Deus que, em algum momento, me permita abraçá-lo para ter a mesma sensação de quando você vinha a mim chorando depois de se machucar brincando na rua ou dando pulos de alegria ao contar que havia sido aprovado no colégio. Lembra-se, filho? Minha alma se eleva até o Senhor por ter-me permitido este reencontro.

A um gesto de Angélica, o doutor José se aproximou de Zilda pelas costas e pousou as mãos sobre sua cabeça por alguns segundos e lhe aplicou um passe, por meio do qual os canais de sua visão espiritual se abriram por alguns instantes, e a visão prodigiosa que se apresentou diante de seus olhos a deixou como que paralisada. A dirigente fez um sinal para que o rapaz se aproximasse de sua mãe. Ela acompanhou cada passo dado pelo filho em sua direção, e assim que ele se aproximou Zilda sentiu o toque suave de suas mãos sobre os ombros e na face direita o leve toque de um beijo tão doce que lhe parecia celestial, o que fez dela a criatura mais afortunada do planeta:

— *Que Deus a abençoe, mamãe* — João sussurrou em seu ouvido.

— E a você também, meu querido! — respondeu ela, enquanto com certa dificuldade e algum tremor levantava a mão direita, sentindo um ligeiro formigar na palma da mão ao roçá-la nos dedos do filho caçula.

Foi nesse momento tão crucial que ela levantou os olhos e conseguiu contemplar o rosto de seu querido filho João, já sem nenhuma cicatriz na cabeça, a roupa toda branca e impecável de José e a resplandecente túnica azul celeste de Angélica, que, ao lado de Humberto, assistia satisfeita à cena, sorridente e com uma expressão de amor incomparável.

Depois de alguns minutos de silêncio e recolhimento, em que todos refletiam e gravavam na consciência tudo o que acabava de se passar ali, o doutor Santos tomou a palavra:

— Queridos irmãos, agradecemos a nossa querida Angélica a possibilidade de celebrar esta reunião tão especial, na qual uma vez mais, sob as radiantes vibrações do Mestre Jesus e o compreensivo olhar do Pai, pudemos cumprir os objetivos previstos de auxílio ao próximo que nos impulsionam em nosso compromisso de progredir. Obrigado a todos por seus esforços, e que

Deus nos abençoe para que possamos avançar em nossa luta de superação no dia a dia. Está terminada a sessão.

Chegando assim o momento das despedidas, Humberto acrescentou:

— Lembre-se, Zilda, de que sempre estaremos à sua disposição. Se algum dia precisar de nossa ajuda ou se quiser nos acompanhar no grupo de estudo, é só nos dizer. Devemos apoiar-nos uns aos outros.

— De todo o coração, agradeço aos três e também aos outros espíritos. Cíntia, Nélson e doutor Santos, jamais esquecerei o que se passou nesta casa. Foi uma experiência tão forte, tão intensa, que me marcará para sempre. A oportunidade de ver a vida de outra perspectiva se abriu diante de mim, e as enormes consequências de tudo isso ainda precisa ser avaliada — respondeu Zilda.

Despediram-se os quatro num forte abraço. À medida que saíam do local, cada um tomava sua direção. Perto deles, José e João não perdiam nenhum detalhe da cena. Logo depois, os dois entraram no carro com Humberto, que dirigiu o veículo. Depois de alguns minutos circulando pelas ruas da cidade, deixaram a área urbana em direção à casa do médico. Mas as surpresas ainda não haviam terminado.

Assim que desceram do automóvel, João foi tomado de surpresa pela cena que via. Junto à mansão de Humberto uma espécie de aeronave,[2] envolvida por uma

---

2. Trata-se do aerobus, uma espécie de veículo citado no livro *Nosso Lar*, pelo Espírito André Luiz. 56ª ed., FEB, 2006.

névoa esbranquiçada, de forma retangular e sem hélice, parecia estar estacionada, embora flutuasse no ar, perto do solo. Ao lado de uma comporta que permitia acesso a seu interior, havia quatro pessoas conversando. O jovem correu ao encontro daquele "veículo" e levou um enorme susto. Junto à entrada, pôde distinguir os generais Andrade e Silva, assim como o almirante Ferreira. Com eles estava seu grande amigo Eusébio Gonçalves. Depois de dar um forte abraço em João, o militar, com lágrimas nos olhos, disse:

— *Está vendo, rapaz, como é a vida? Todo o meu tempo dedicado à vida militar, e agora meus companheiros tiveram a gentileza de me realistar, mandando-me para o Estado Maior, na ativa. Sinto-me muito honrado por esse gesto do Exército comigo, um de seus mais humildes servidores. Bom, me disseram que tenho de subir com eles e que, no lugar para onde vou, irão me designar novas ordens segundo minha experiência profissional e meus méritos conseguidos no meu tempo de serviço. Como estou feliz, João! Você não sabe o que isso significa para mim. Jamais apreciei tanto minha vida. Bem, devo me apressar e subir já, por isso agora nos despedimos. Cuide-se, garoto! Quem sabe com o tempo você chegará a ser um magnífico instrutor como eu. Que Deus o ampare, amigo!*

— *Adeus, senhor! Sempre me lembrarei do senhor!* — falou o rapaz, enquanto Eusébio entrava no aerobus, prestes a decolar.

Poucos segundos depois, José e Humberto aproximaram-se do rapaz, e os três, emocionados, deram adeus a Gonçalves, e ele partiu com destino ignorado ao encontro de novas aventuras, graças à sua evolução. Silencioso e seguro, o "veículo" se elevou do solo instantes depois de ficar suspenso no espaço, tomar velocidade e desaparecer conforme atingia as alturas.

Em seguida, os três voltaram para a entrada da casa de Humberto.

— *Para ser sincero* — disse o jovem —, *por um momento fiquei bastante nervoso. Tive a intuição de que eu podia ter ido com Eusébio. Era como se eu tivesse percebido que o momento final chegara.*

— E você não se enganou inteiramente — respondeu doutor Santos. — Chegamos a um ponto em que prolongar sua estada aqui junto de nós, por mais confortável que você esteja, seria apenas perda de tempo. Novos desafios o aguardam.

— *Entendo* — prosseguiu o jovem. — *Mas para onde será que devo ir agora?*

— Era exatamente isso que eu ia lhe comunicar, querido amigo — respondeu Humberto. — Não posso lhe dar mais informações, já que você será comunicado no devido tempo e com mais detalhes do que eu posso lhe dar. A irmã Angélica me comunicou ontem, justamente quando você foi dar o passeio pela praia. João, você foi designado à Nova Europa. Esse é seu destino, por ora.

— *Nova Europa?* — perguntou o jovem com ar de admiração.

— Não se surpreenda — acrescentou Santos. — Há muitas moradas na imensa casa de Deus, como nos disse Jesus. Trata-se de uma colônia espiritual associada ao planeta Terra onde habitam espíritos como você. É para lá que será enviado para prosseguir em seu caminho de evolução. Lá receberá o ensinamento apropriado e os devidos esclarecimentos. Posso lhe assegurar que se trata do lugar ideal para isso, e logo você estará adaptado ao seu ritmo de trabalho. Acredito que agora já tenha motivação suficiente para aproveitar a nova oportunidade que os céus lhe oferecem.

— *Nem sei o que dizer, queridos irmãos. Tudo o que vem de seus pensamentos é bom para mim, como foi demonstrado até agora. Aceito de bom grado o que os senhores me disserem e estarei pronto para receber suas indicações.*

— Essas exigências não partem de nós, João — disse Humberto —, mas de um nível superior. Como ocorre no plano físico, as ordens obedecem a uma hierarquia. No entanto, asseguro-lhe que na dimensão espiritual não há erros de planejamento como frequentemente ocorre aqui, pois nela as entidades que sobem na escala são levadas a graus mais altos simplesmente por seus conhecimentos e elevação moral. Agora o doutor José o acompanhará em sua viagem até Nova Europa. Em seu estágio atual, você não poderia fazer esse grande deslocamento sozinho. Para prepará-lo, ele vai lhe aplicar um passe. Não se preocupe conosco. Estou certo de que dentro de algum tempo voltaremos a nos ver. Nós, os espíritos, estamos tão interconectados e mantemos tantos laços uns com os outros que, cedo ou tarde, nossos destinos voltam a se cruzar. Você não imagina o quanto estamos alegres com o passo que deu. Pense no quanto você avançou em tão pouco tempo, o que a outros demoraria muito mais. Você deve atribuir isso apenas à sua força de vontade para melhorar, pois assim como alguns se divertem na paralisia, não saindo do lugar, outros se esforçam para progredir, como aconteceu com você. Dou-lhe minhas bênçãos. Seguirei aqui com meu trabalho e você, lá com o seu. O mundo não para nem descansa, meu amigo. Que Deus o cumule de bênçãos. Vou me lembrar de você nas minhas preces, João.

Após estreitá-lo num abraço de despedida, o doutor José impôs as mãos sobre nosso protagonista ao longo de seu "corpo". Alguns segundos depois, um objeto de vários metros de altura se abriu ao lado dos três amigos. Humberto fez um gesto dando a entender ao jovem que a hora mais importante havia chegado. Uma luz intensa e brilhante saía do interior daquele "veículo", que ficara parado ali, ao ar livre, perto daquela mansão tão cheia de paz.

José tomou o jovem pela mão e ambos atravessaram a porta que dava entrada ao aparelho, que já anunciava o próximo destino: a colônia espiritual Nova Europa. Antes de dar o último passo no mundo em que pisara durante sua vida física, João virou a cabeça e se despediu com um doce sorriso do médico que, naquela inesquecível madrugada, havia transformado sua existência, agora já tão distante em sua memória após as últimas e apaixonantes jornadas vividas com tanta intensidade.

Nesse momento, Angélica se aproximou de Humberto, enquanto o aerobus, parado no ar, ia aos poucos fechando sua entrada.

— *E pensar que esse rapaz estará de volta entre nós daqui a algum tempo...* — comentou a dirigente espiritual.

— Tem toda a razão, Angélica — respondeu o médico. — Bendita lei da reencarnação.

— *Foi uma noite memorável* — disse ela. — *Daqui a algum tempo perguntarei a Helga[3] como vai João e sua evolução. Como disse o mestre Kardec: "Nascer, morrer, renascer e progredir sempre, essa é a lei".*

---

3. Para mais informações sobre Helga e a colônia espiritual Nova Europa, ver os quatro capítulos de *Luz en la ciudad espiritual*, escritos pelo autor no *blog* de Espiritismo "Entre espíritus". Consulte os links:

http://entreespiritus.blogspot.com.es/2012/01/
luz-en-la-ciudad-espiritual-i.html

http://entreespiritus.blogspot.com.es/2012/01/
luz-en-la-ciudad-espiritual-ii.html

http://entreespiritus.blogspot.com.es/2012/01/
luz-en-la-ciudad-espiritual-iii.html

http://entreespiritus.blogspot.com.es/2012/02/
luz-en-la-ciudad-espiritual-yiv.html

Ao terminar a leitura deste livro, talvez você tenha ficado com algumas dúvidas e perguntas a fazer, o que é um bom sinal. Sinal de que está em busca de explicações para a vida. Todas as respostas de que você precisa estão nas *Obras Básicas* de Allan Kardec.

Se você gostou deste livro, o que acha de fazer que outras pessoas venham a conhecê-lo também? Poderia comentá-lo com aquelas do seu relacionamento, dar de presente a alguém que talvez esteja precisando ou até mesmo emprestar àquele que não tem condições de comprá-lo. O importante é a divulgação da boa leitura, principalmente a da literatura espírita. Entre nessa corrente!

Personagens da história

João: personagem principal. Ele é o jovem que protagoniza os acontecimentos que se sucedem depois de sua morte física.

Eusébio Gonçalves: militar que se encontra com João na dimensão espiritual e explica ao jovem o que lhe sucedeu.

Marcelo: amigo íntimo de João desde a infância.

Elisa: amiga íntima de João desde a infância, juntamente com Marcelo.

Zilda: mãe de João, viúva.

Doutor Humberto Santos: médium e médico socorrista que tem a capacidade de falar e ver os espíritos.

Doutor José: médico espiritual, mentor de Humberto Santos.

Angélica: líder espiritual que dirige um grupo espírita na cidade.

Nélson: membro do grupo espírita Adoctrinador.

Cíntia: membro do grupo espírita Aporta, que oferece suporte emocional aos espíritos nas reuniões.

General Andrade: militar, espírito participante da sessão espírita.

General Silva: militar, espírito participante da sessão espírita.

Almirante Ferreira: militar, espírito participante da sessão espírita.

Souza: delinquente juvenil de uns vinte anos.

Sílvia: médica, colega de trabalho do doutor Humberto Santos.

PODERES DA ALMA

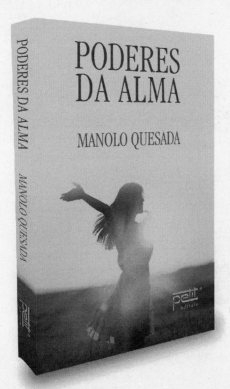

MANOLO QUESADA

Autoajuda | 14 x 20,5 cm | 144 páginas

Temos uma ferramenta poderosa chamada reencarnação, que nos garante a possibilidade diária de aprimoramento.

Temos dentro de nós todo o potencial de que precisamos para caminhar cada vez mais rápido e com mais qualidade, dentro do que nos propusemos para esta existência.

Exemplos e incentivo não nos faltam para melhorar; o que nos falta é exercitar nossas potencialidades, para que nos ajudem concretamente a transformar a ignorância em conhecimento, compreendendo a grande mola propulsora do Universo, que é o amor.

Este livro vai ajudá-lo a encontrar caminhos para efetivar essa transformação.

boanova@boanova.net
www.boanova.net | 17 3531.4444

FORÇA ESPIRITUAL
JOSÉ CARLOS DE LUCCA

Autoajuda | 16x23 cm | 160 páginas

Todos nós merecemos ser felizes! E o primeiro passo para isso é descobrir por que estamos sofrendo. Seja qual for o seu caso, entenda que os males não acontecem por acaso...
Neste livro – do mesmo autor do best-seller Sem medo de ser feliz – encontramos sugestões práticas para despertar a força espiritual que necessitamos para enfrentar e vencer nossas dificuldades.
Leitura interativa, esclarece as dúvidas mais frequentes daqueles que desejam transformar seu destino – mas não sabem por onde começar. Agora, com a ajuda deste livro, ser feliz só depende de sua transformação...

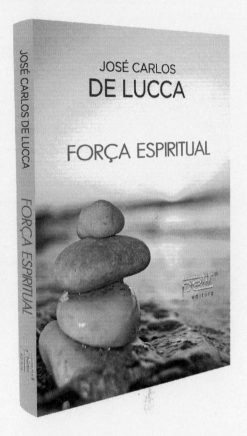

 www.boanova.net

 www.facebook.com/boanovaed

 www.instagram.com/boanovaed

 www.youtube.com/boanovaeditora

Entre em contato com nossos consultores e confira as condições
Catanduva-SP 17 3531.4444 | boanova@boanova.net

Levamos o livro espírita cada vez mais longe!

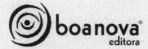

Av. Porto Ferreira, 1031 | Parque Iracema
CEP 15809-020 | Catanduva-SP

www.**petit**.com.br
www.**boanova**.net

petit@petit.com.br
boanova@boanova.net

17 3531.4444

17 99777.7413

Siga-nos em nossas redes sociais.

@boanovaed   boanovaeditora

CURTA, COMENTE, COMPARTILHE E SALVE.
utilize #boanovaeditora

Acesse nossa loja

Fale pelo whatsapp